essentials

essentials liefern aktuelles Wissen in konzentrierter Form. Die Essenz dessen, worauf es als „State-of-the-Art" in der gegenwärtigen Fachdiskussion oder in der Praxis ankommt. *essentials* informieren schnell, unkompliziert und verständlich

- als Einführung in ein aktuelles Thema aus Ihrem Fachgebiet
- als Einstieg in ein für Sie noch unbekanntes Themenfeld
- als Einblick, um zum Thema mitreden zu können

Die Bücher in elektronischer und gedruckter Form bringen das Expertenwissen von Springer-Fachautoren kompakt zur Darstellung. Sie sind besonders für die Nutzung als eBook auf Tablet-PCs, eBook-Readern und Smartphones geeignet. *essentials:* Wissensbausteine aus den Wirtschafts-, Sozial- und Geisteswissenschaften, aus Technik und Naturwissenschaften sowie aus Medizin, Psychologie und Gesundheitsberufen. Von renommierten Autoren aller Springer-Verlagsmarken.

Weitere Bände in der Reihe http://www.springer.com/series/13088

Alexander Schuchter

Wirtschaftskriminalität und Prävention

Wie Führungskräfte Täterwissen einsetzen können

Alexander Schuchter
Universität St. Gallen
St. Gallen, Schweiz

ISSN 2197-6708   ISSN 2197-6716   (electronic)
essentials
ISBN 978-3-658-20068-8   ISBN 978-3-658-20069-5   (eBook)
https://doi.org/10.1007/978-3-658-20069-5

Die Deutsche Nationalbibliothek verzeichnet diese Publikation in der Deutschen Nationalbiblio-
grafie; detaillierte bibliografische Daten sind im Internet über http://dnb.d-nb.de abrufbar.

Gedruckt auf säurefreiem und chlorfrei gebleichtem Papier

Springer Gabler ist Teil von Springer Nature
Die eingetragene Gesellschaft ist Springer Fachmedien Wiesbaden GmbH
Die Anschrift der Gesellschaft ist: Abraham-Lincoln-Str. 46, 65189 Wiesbaden, Germany

Was Sie in diesem *essential* finden können

- Lessons Learned: Einsichten und Statements verurteilter Wirtschaftsstraftäter
- Rasch in die Praxis Umsetzbares, um Vermögen zu schützen, Haftung zu reduzieren, Reputation zu gewinnen und Karriere zu pushen
- Risiken als Chancen wahrnehmen und Fallstricke vermeiden

*Ich habe mehrere Jahre gewirkt und
Millionen auf die Seite geschafft
… Das war mein Vorteil, unter
Anführungszeichen natürlich.*
Verurteilter Wirtschaftsstraftäter

Inhaltsverzeichnis

Über den Autor

Dr. Alexander Schuchter ist Dozent an den Universitäten in St. Gallen (HSG) und Zürich (UZH & ETH). Der HSG-Alumnus ist Gründer und Geschäftsführer der Schuchter Management GmbH (schuchter-management.ch) mit Sitz in St. Gallen. Zuvor war Schuchter Supervisor bei einer Big Four-Wirtschaftsprüfungsgesellschaft. Dabei führte er forensische Untersuchungen durch und war für Revisions- sowie Compliance-Mandate verantwortlich.

Einleitung 1

Das *essential* zeigt praxisnah in kompakter Form, wie Haftungs-, Vermögens- und Reputationsrisiken, die durch wirtschaftskriminelle Handlungen entstehen, reduziert werden können. Durch effizientes Managen ist nicht nur eine Risikosenkung, sondern auch eine Gewinnsteigerung möglich. Damit können zusätzliche Wettbewerbsvorteile geschaffen werden. Der Umgang mit Wirtschaftskriminalität ist jedoch eine komplexe Angelegenheit. Spekulationen über Motive und Hintergründe von Straftaten sind wenig hilfreich. Hierauf können nur die Täter[1] selbst Antworten geben. Einblicke hinter die Kulissen anhand von Gesprächen und persönlichen Interviews mit Wirtschaftsstraftätern ermöglichen besondere Sichtweisen. Doch widersprechen diese neuen Erkenntnisse, die durch Wirtschaftsdelinquenten gewonnen wurden, weit verbreiteten Annahmen. Gewinnbringend kann dieses Wissen insbesondere für unsere derzeit vorhandenen Abwehrsysteme in der betrieblichen Praxis sein. Ebenso interessant könnte dies für forensische Sonderuntersuchungen sein, speziell auch hinsichtlich möglicher Motive. Der Autor beschäftigt sich seit über einem Jahrzehnt mit Wirtschaftsstraftätern. Bei seinen zahlreichen Treffen und Dutzenden von Gesprächen und Interviews mit den Tätern wurden einige davon mit Einverständnis auf Tonband aufgezeichnet. Auf einer wissenschaftlichen Basis an der Universität St. Gallen (HSG) erfolgte dann eine detaillierte Auswertung dieser Aufnahmen. Statements der Wirtschaftsdelinquenten und die daraus gewonnenen Resultate sind für Praktiker aus mittleren und oberen Führungsetagen gleichermaßen wertvoll. Die eingeflossenen

---

[1]Die verwendeten Personenbezeichnungen beziehen sich sowohl auf das weibliche wie auch auf das männliche Geschlecht. Aus Gründen der besseren Lesbarkeit wird die männliche Form der Bezeichnung von Personen verwendet. Damit soll jedoch keine geschlechterspezifische Rollenbeschreibung zum Ausdruck gebracht werden.

© Springer Fachmedien Wiesbaden GmbH 2018
A. Schuchter, *Wirtschaftskriminalität und Prävention,* essentials,
https://doi.org/10.1007/978-3-658-20069-5_1

Erfahrungen sind aufgrund des beruflichen „Big Four"-Hintergrunds des Verfassers und seiner Praxisprojekte branchenübergreifend, wie Wirtschaftskriminalität selbst. Nicht nur Gespräche mit den Tätern oder mit Geschäftsführungsmitgliedern, Fachexperten und Aufsichtsorganen, sondern auch tief gehender Austausch mit den Opfern gibt diesem *essential* den Feinschliff. Aus der Forensik kommend, begleitete der Autor die Revisoren bei ihrer Arbeit, führte selbst Prüfungen durch und war schließlich auch verantwortlicher Revisionsleiter. Nun sensibilisiert er Mitarbeitende sowie Führungskräfte und entwickelt Systeme, um den Bereich krimineller Handlungen rechtzeitig zu erkennen und zu reduzieren. Damit ist es dem Autor möglich, einige gängige Schwachpunkte zu erkennen, die im *essential* aufgegriffen und behandelt werden. Optimierungspotenzial derzeitiger Maßnahmen und Systeme sowie rasch umsetzbare Anwendungen werden präzise zum Ausdruck gebracht. Den Leser erwarten praxisrelevante Inhalte und sprichwörtlich „aus dem Nähkästchen Geplaudertes".

„Ich habe Millionen auf die Seite geschafft, ohne dass die Revisionsgesellschaft das festgestellt hat"[1], so das Statement eines interviewten Wirtschaftsdelinquenten. Es steht außer Zweifel, dass mit betrügerischen Handlungen einschneidende Vermögensrisiken einhergehen können. Wirtschaftskriminalität in all ihren Formen ist – entgegen einiger landläufiger Meinungen – auch in der deutschsprachigen Praxis weit verbreitet und zählt zu den häufig unterschätzten Geschäftsrisiken. Im Ernstfall kann es dabei unvorhergesehen schnell sogar um das Überleben des gesamten Unternehmens gehen. Umgekehrt beinhaltet Wirtschaftskriminalität auch Chancen, die jedes Unternehmen bewusst nutzen kann. Das Ausmaß der mit dolosen Handlungen zwangsläufig verbundenen Haftungsrisiken und Vermögensabgänge kann kosteneffizient begrenzt werden. Oftmals versteckte Kosten können durch zielgerichtete Einsätze der Führungskräfte und Mitarbeiter nachweislich reduziert werden. Das schafft neue Wettbewerbsvorteile.

2.1 Wirtschaftsdelikten begegnen

▶ Der durchschnittliche – oft versteckte – Verlust durch Wirtschaftsdelikte beträgt jährlich 5 % vom Umsatz.[2] Im deutschsprachigen Raum kann dieser Prozentsatz als zuverlässig und valide betrachtet werden.

---

[1] Tonaufnahme Wirtschaftsstraftäter „K".
[2] Vgl. ACFE (2016a); Gee und Button (2015).

© Springer Fachmedien Wiesbaden GmbH 2018
A. Schuchter, *Wirtschaftskriminalität und Prävention*, essentials,
https://doi.org/10.1007/978-3-658-20069-5_2

Valide und unabhängige Studien von Organisationen ohne wirtschaftliche Gewinnziele belegen diesen alarmierenden Prozentsatz. Die weltweit größte Non-Profit-Organisation im Fraud-Bereich, die Association of Certified Fraud Examiners (ACFE), zeigt in den aktuellen Untersuchungsergebnissen, dass Westeuropa neben Nordafrika die weltweit höchsten Verluste aufgrund von wirtschaftskriminellen Handlungen erleidet.[3] Im deutschsprachigen Raum werden kontinuierlich neue unrühmliche Rekordverluste durch dolose Handlungen ermittelt. Es wirkt bereits nicht mehr außergewöhnlich, wenn neue Skandale in der Tagespresse erscheinen. Abgängige Sach- und Vermögenswerte, Untersuchungs- und Aufklärungskosten, Bereinigung, Systemverbesserung, Prozessaufwand, Strafzahlungen, erhöhte Kapitalkosten bei Kreditgebern sind eine Reihe unmittelbarer Verluste, die durch Wirtschaftsdelikte entstehen können. Zudem kann die dolose Handlung eine Erpressbarkeit hervorrufen, die wiederum ungünstige Folgen mit sich bringt. Obwohl ein Bewusstseinswandel für betrügerische Handlungen stattgefunden hat, haben auch die Gegenmannschaften auf der kriminellen Seite im Eiltempo aufgeholt. Es ist mit einem Wettrüsten vergleichbar. Gerät das eigene Team in den Rückstand, hat das im Worst-Case-Szenario eine Ausscheidung aus dem Markt aufgrund von Insolvenz zur Folge. An dieser Stelle sollte nicht unbeachtet bleiben, dass wirksame Systeme bereits im Vorfeld viele der gravierenden Auswirkungen eines Wirtschaftsdeliktes erfolgreich abwehren können. Das wurde insbesondere von jenen Unternehmen erkannt, die bereits oder beinahe die Erfahrung eines Schiffbruchs machten. Selbst bei wirksamen Präventionsmaßnahmen kann Wirtschaftskriminalität grundsätzlich nicht hundertprozentig ausgeschlossen werden (so wie auch jedes sichere IT-System irgendwo Schwachstellen besitzt). Das bedeutet jedoch nicht, dass Vorbeugung deshalb an Relevanz verliert. Seit wenigen Jahren geht der Trend in eine eindeutige Richtung: Für immer mehr Unternehmen gewinnt tatsächlich wirksame Prävention fortlaufend an Bedeutung. In der unternehmerischen Praxis ist jedoch beobachtbar, dass die Verteilung der Ressourcen für Risikomanagement und für vorbeugende Systeme nicht immer optimal erfolgt. Mit geringeren Ausgaben und dafür an den richtigen Stellen wäre eine wesentlich höhere Wirksamkeit schützender Maßnahmen möglich. Für umfassende und komplexe Technologie, Ausrüstung und Werkzeuge wird weniger an finanziellen Mitteln gespart, während Arbeitskräfte in einigen Fällen unzureichend geschult bleiben. Wie viel bringt dem Unternehmen beispielsweise ein teures Meldesystem, wenn Mitarbeitende nicht wissen, was gängige

---

[3]Vgl. ACFE (2016b).

Auffälligkeiten sind? Aus Unwissenheit der Belegschaft resultiert eine Flut an unbrauchbaren Meldungen, die auch noch zu verarbeiten sind.

> **Tipp** Bereits geringe Umverteilungen von Budget sowie personellen Ressourcen mit verstärktem Fokus auf menschliche Faktoren könnte die Leistung vieler vorbeugender Maßnahmen steigern und somit den Gewinn erhöhen.

Dass hauptsächlich große Unternehmen unter kriminellen Vorfällen leiden, ist ein verbreiteter Irrtum. Zutreffender ist, dass die großen Unternehmen insgesamt die höheren Verluste erleiden. Das ist lediglich eine logische Schlussfolgerung daraus, dass große Unternehmen in der Regel auch mit höheren Geldsummen arbeiten, die größeren Werte in den Bilanzposten aufweisen, die höheren Rechnungen begleichen etc. Dass in größeren Unternehmen im deutschsprachigen Raum grundsätzlich mehr kriminelle Energie vorhanden ist, kann nicht durchgehend belegt werden. Es ist jedoch zu beobachten, dass für kleinere Unternehmen bereits eine einzige Straftat rasch existenzbedrohende Folgen mit sich bringen kann. Als eine mögliche absichernde Maßnahme sollte diskutiert werden, inwiefern eine Vertrauensschadenversicherung infrage kommt. Dabei gilt es unter anderem zu beachten, dass von der Versicherung in der Regel lediglich bestimmte Delikte und auch nur die durch Betriebsangehörige verursachten Schäden berücksichtigt werden. Der zu bezahlende Versicherungsbetrag kann unter Umständen hoch ausfallen. Unternehmensexterne Täter oder die delinquente Zusammenarbeit mit externen Personen, Reputationsschäden, Haftungsrisiken etc. sind ausgenommen und damit auch nicht versichert. Wirtschaftskriminalität schädigt immer, zumindest auf lange Sicht. Eine Versicherung kann keine vorbeugende, sondern nur eine nachsorgende Maßnahme sein. Dolose Handlungen kennen keine Grenzen und existieren branchen- und unternehmensübergreifend.

> **Tipp** Typische Muster können jedoch in vielen Fällen erkannt werden: Wo sich hohe Vermögens- und Sachwerte befinden, oder wo mit größeren Geldsummen gearbeitet wird, steigt grundsätzlich die Wahrscheinlichkeit eines Wirtschaftsdelikts. Deshalb sollten insbesondere an diesen Stellen vorbeugende Maßnahmen wirksam sein.

Mit dem „Sarbanes-Oxley Act of 2002" als eine Antwort auf die spektakulären Skandale wie beispielsweise Enron[4] und Worldcom[5] hat sich der Beratungsbereich der forensischen Sonderuntersuchungen in allen Teilen der Welt erfolgreich entwickelt. Im deutschsprachigen Raum sind im internationalen Vergleich besonders steile Wachstumskurven zu verzeichnen. Das Geschäft mit Wirtschaftskriminalität boomt, seien es Beratungs- und Rechtsleistungen, Versicherungen oder andere Services. Die klassische Wirtschaftsprüfung und Steuerberatung kann mit diesem Wachstum seit einigen Jahren nicht mehr Schritt halten. Nicht nur erschreckende quantifizierbare Schäden sowie die weite Verbreitung doloser Handlungen, sondern auch neue Regulierungen stellen einen Nährboden dieses Geschäftsfeldes dar. Einem von Wirtschaftskriminalität befallenen Unternehmen fehlen häufig die Werkzeuge, um eine forensische Untersuchung eigenständig durchzuführen. Dann verbleibt nur mehr die Alternative, auf einen externen Anbieter zurückzugreifen. In einem solchen Fall können horrende Honorare der Untersuchenden drohen. Wenn der Fall besonders dringend ist, dann scheut sich das Opfer-Unternehmen jedoch für gewöhnlich nicht davor, Unsummen für eine schnelle Lösung zu bezahlen. Da jedoch bereits Sach- und Vermögenswerte abhandengekommen sind, kann genau dann eine hohe Kostenbelastung einschneidend sein. Zudem werden die Kosten für den Gerichtsprozess, Strafzahlungen und Aufwendungen für dringende Verbesserungen an unternehmensinternen „Lecks" fällig.

▶ **Tipp** Wenn sich das erste Anzeichen als begründeter oder erhöhter Verdacht entpuppt, ist eine Untersuchung spätestens zu diesem Zeitpunkt dringlich. Panik und überhastete Schnellschüsse sollten

---

[4]Der Enron-Skandal im Jahr 2001 gilt als Paradebeispiel für Manipulation im Milliarden-Bereich. Der texanische Energiekonzern gehörte zu den größten US-Unternehmen und wurde viele Jahre als „one of the most admired company" mit grösstem Innovationspotential gefeiert. Die Täuschungen waren derart umfassend, dass der Konzern bereits sechs Wochen nach erstmaligem Bekanntwerden von Unregelmäßigkeiten insolvent war. Der Skandal gilt als ein wesentlicher Auslöser international verschärfter Vorschriften.

[5]Ein Jahr nach Enron war Worldcom in den Negativ-Schlagzeilen der Presse. Der Accounting-Skandal des Telekommunikationskonzerns galt bis zum Madoff-Fall als der größte in der US-Geschichte. Der Handlungsdruck auf die Gesetzgeber wurde dadurch zusätzlich erhöht. Als Reaktion auf diese Skandale wurde unter anderem der Sarbanes-Oxley Act of 2002 erlassen. Dieses US-Bundesgesetz wird häufig als historischer Wendepunkt und „Startschuss" weitreichender Reformen betrachtet. Unzählige nationale und internationale Gesetze beeinflussen dadurch unser heutiges Tagesgeschäft.

insbesondere dann vermieden werden. Für derartige Notfallsituationen bietet sich beispielsweise die Entwicklung eines Plans an. Den hohen Preisunterschieden der Untersuchenden wird dabei häufig unzureichend Beachtung geschenkt. Durch den bedächtigen Vergleich der Anbieter ist die Ausuferung der Aufklärungskosten vermeidbar. Eine Vereinbarung der Kosten anfallender Stunden und das Setzen von Limits in dieser Notfallsituation reduziert weitere Kosten. Dies gilt insbesondere bei teurem Personal wie beispielsweise bei Senior Executives, Managing Directors etc. Eine weitere kostensenkende und sehr bewährte Vorgehensweise ist der Aufbau von strategischen Partnerschaften. So kann im Ernstfall sofort auf ein einschlägiges Netzwerk zurückgegriffen werden. Nicht nur aufgrund der Kosten, sondern auch in Bezug auf Unparteilichkeit und Spezialwissen bieten sich hier vor allem auch gut vernetzte Personen und international agierende Boutiquen an.

2.2   Persönliche Haftungsrisiken des Managements reduzieren

Dass wirtschaftskriminelle Straftaten schwerwiegende arbeitsrechtliche, strafrechtliche und zivilrechtliche Strafen verursachen, ist keine Neuigkeit. Doch wird dabei manchmal vergessen, dass die persönliche Haftung nicht nur Täter, sondern auch das Management betrifft. Geschäftsführungsmitglieder, Vorstände, Aufsichts- und Verwaltungsräte, Verantwortliche für Finanzen und andere Führungspositionen sind zunehmend mit einschneidenden Konsequenzen konfrontiert. Das derzeitige Tagesgeschäft unserer Gerichte belegt diese für Verurteilte unrühmliche Tatsache. Unabhängig von einer Beteiligung an Straftaten wird mit der sogenannten „Teilnahme durch Unterlassen" vor allem die hauptverantwortliche Berufsgruppe rechtlich sanktioniert. Die Aufsichtspflicht sowie die anzuwendende Sorgfalt der oberen Führungsebenen werden nicht immer zutreffend eingeschätzt. Ein ehemaliges Geschäftsführungsmitglied und nun verurteilter Delinquent betonte ausdrücklich, dass „die rechtlichen Gegebenheiten und Konsequenzen abgeklärt ... und genau betrachtet werden ... nicht erst, wenn man hineinläuft."[6] Bereits für das Unterlassen einer Aufsichtsmaßnahme werden beispielsweise in Deutschland laut

---

[6]Tonaufnahme Wirtschaftsstraftäter „C".

Gesetz über Ordnungswidrigkeiten für natürliche Personen bereits Strafen von bis zu einer Million Euro und bei juristischen Personen im zweistelligen Millionenbereich genannt.

> ▶ Für eine Pflichtverletzung der sorgfältigen Unternehmensführung kann beispielsweise in Österreich die Geschäftsleitung auch ohne Vorliegen einer Straftat zur Rechenschaft gezogen werden. Im Streitfall muss die entsprechend angewendete Sorgfalt des Managements bewiesen werden, was sich in der Praxis als schwierig herausstellen kann – vor allem bei bereits länger zurückliegenden Perioden.

Unzureichende vorbeugende Maßnahmen gegen Wirtschaftskriminalität resultieren vor Gericht regelmäßig in Verurteilungen von Führungskräften. Abseits des Gerichts zählt beispielsweise eine Abberufung der Geschäftsführung mit sofortiger Wirkung als eine gängige Konsequenz. Die wahren Gründe für den „Rücktritt" werden an dieser Stelle selten öffentlich genannt. Zu groß ist die Angst, an Ansehen zu verlieren. Die berufliche Karriere der Entmachteten erleidet in vielen Fällen eine massiv unterschätzte Beeinträchtigung. Der sogenannte „Karriere-Knick" ist erst der Anfang einer möglichen Abfolge unwillkommener Effekte. Darüber hinaus drohen persönlich zu begleichende Strafzahlungen oder andere finanzielle Einbußen, wie beispielsweise ausbleibende Bonuszahlungen. Als am meisten erschütternd nehmen die Verurteilten den Vertrauensverlust naher Angehöriger und Familienmitglieder wahr. Nahestehende Personen entfernen sich und das soziale Netz bietet keinen Halt mehr. „Natürlich hat es auch einen Bruch in der Familiengeschichte gegeben"[7], so die verurteilte Führungskraft. Bei Übergang vom hinreichenden auf den dringenden Verdacht kann ein Haftbefehl ausgestellt werden. Untersuchungshaft ist dann häufig ein erster Schritt. Bereits dieser Prozess an sich wird für in Verwahrung Genommene als peinigende Bestrafung empfunden. Für Unterlassung von Gegenmaßnahmen und respektive oder Mitwirkung an einer dolosen Handlung kann eine längere Haftstrafe bevorstehen. Das Aufsichtsorgan hat, wie der Name bereits verrät, eine Aufsichtsfunktion. Als Kontrollgremium muss dieses Organ die Wirksamkeit des Risikomanagements, internen Kontrollsystems, Revisionssystems etc. überwachen. Bei unzureichender Wahrnehmung dieser Verantwortung wird – ähnlich wie die Geschäftsführung – ebenso der Aufsichts- respektive Verwaltungsrat rechtlich zur Verantwortung gezogen.

---

[7]Tonaufnahme Wirtschaftsstraftäter „F".

▶ **Tipp** Bei Auffälligkeiten mit einem Anfangsverdacht ist es essentiell,
dass Aufsichtsorgane, Governance-Verantwortliche, Mitglieder der
Geschäftsführung oder des Senior-Managements im Sinne einer Ertei-
lung eines unternehmensinternen oder -externen Untersuchungs-
auftrags aktiv werden. (Ob intern oder extern hängt grundsätzlich
von den Ressourcen, Zielen und auch vom möglichen Ausgang der
Ermittlung ab.) Wenn bei Unregelmäßigkeiten im Unternehmen über
die Durchführung einer Untersuchung abgestimmt wird, dann empfiehlt sich für Verantwortliche einer solchen zuzustimmen. Diese
Faustregel gilt ebenso bei einer potenziellen Entscheidung in Bezug
auf die Einführung von wirksamen Präventionsmaßnahmen. Dabei
ist es besonders bedeutsam, dass dieses Einverständnis stets mit der
erforderlichen Sorgfalt dokumentiert wird. In diesem Zusammenhang passt ein allgemein bekanntes Sprichwort „not documented, not
done": Unzureichende oder fehlende Dokumentation kann für den
Einzelnen desaströse Konsequenzen für die eigene berufliche Zukunft
oder vor Gericht mit sich bringen.

Eine der gängigsten fehlgeleiteten Auffassungen ist, dass die Abschlussprüfer
für Wirtschaftskriminalität verantwortlich sind. Diese unzutreffende Annahme
wird auch als „Erwartungslücke" bezeichnet. Der Wirtschaftsprüfer beurteilt mit
hinreichender Sicherheit, ob der Abschluss keine wesentlich falschen Angaben
aufgrund von Unregelmäßigkeiten enthält. International ausgerichtete Prüfungsstandards fordern den Fokus stärker auf die Aufdeckung von Bilanzdelikten zu
richten. Die Wirtschaftsprüfung hat einige verhältnismäßig junge Prinzipien
einer „kritischen Grundhaltung" und „berufsüblichen Skepsis", statt der früheren
„berufsüblichen Sorgfalt" in die Abschlussprüfung integriert. Alle Aussagen und
Aufzeichnungen des Mandanten sind während der gesamten Prüfung nun stärker
zu hinterfragen. Doch sind Wirtschaftsprüfer weder für Wirtschaftskriminalität
noch für wirksame vorbeugende Maßnahmen verantwortlich.

▶ Die Standards legen unmissverständlich fest, dass die primäre
Verantwortung für die Verhinderung und Aufdeckung von Wirt-
schaftskriminalität weiterhin beim Management und bei Governance-
Verantwortlichen liegt.[8]

---

[8]Vgl. IFAC (2008).

Im internationalen Vergleich besteht im westeuropäischen Raum aktuell die höchste Straf-Wahrscheinlichkeit bei einem Wirtschaftsdelikt.[9] Insgesamt kann das Strafmaß für Wirtschaftsdelikte und Manipulationen stark variieren. Wenn einem Unternehmen jedoch vorgeworfen werden kann, dass nicht alle erforderlichen und zumutbaren Vorkehrungen getroffen wurden, um die Tat zu verhindern, werden immer häufiger empfindliche Strafen fällig. Beispielsweise wird nach dem Schweizer Strafgesetzbuch ein solches „Organisationsversagen" mit einer Strafe von bis zu fünf Millionen Franken bestraft. Dabei handelt es sich nur um die Spitze des Eisbergs. Strafzahlungen in Millionenhöhe (oder gar Milliarden) wurden kürzlich für etliche Unternehmen aus den bedeutendsten Aktienindizes des deutschsprachigen Raums fällig. Ein Blick in die Tagespresse bestätigt dieses Bild.

▶ **Tipp** Eine Implementierung wirksamer Vorkehrungen hilft einerseits bei der Abwehr verlustverursachender Handlungen. Andererseits wird damit auch die eigene berufliche Karriere geschützt. Darüber hinaus belegen sämtliche Verfahren, dass wirksame Prävention auf alle Fälle als positiv gewertet wird, wenn ein Gericht über das Strafmaß entscheidet.

2.3   Reputation stärken und Karriere schützen

Angeschlagene Geschäftsbeziehungen, verlorenes Kundenvertrauen, sinkende Arbeitsmoral in den eigenen Reihen, neue Herausforderungen bei der Personalrekrutierung und Auswirkungen auf Aktienkurse sind nur einige mittelbare Verluste, die sich rasch auf das gesamte Zahlenwerk auswirken. Der Reputationsverlust bei einem fraudulenten Fall ist das wohl am furchteinflößendste Gespenst der betrieblichen Praxis.

▶ **Tipp** Das Image gehört zu den bedeutsamsten immateriellen Unternehmenswerten. Es ist nahezu unumstritten, dass sich das Vertrauen der Stakeholder in vielfältiger Weise positiv auf den Unternehmenserfolg auswirkt. Dieser Erfolgsfaktor kann durch die Optimierung wirksamer Maßnahmen zur Prävention von Wirtschaftskriminalität für die

---

[9]Vgl. ACFE (2016b).

betriebliche Praxis wünschenswert beeinflusst werden. Mit entsprechender Kommunikation mittels Social Media, Webseite, Aushang etc. kann mit der Verbreitung dieser Mitteilung ein Zeichen der Nachhaltigkeit, Qualität und Fairness gesetzt werden. Zudem wird dadurch die eigene Karriere nicht nur geschützt, sondern auch gefördert.

Derartige Befürchtungen vor Imageschäden sind nicht ganz unbegründet. Bereits ein Fall im eigenen Haus kann gravierende Wettbewerbsnachteile mit sich bringen. Unzählige Praxisfälle belegen ungünstige Auswirkungen, die auch zuvor erfolgreiche Konzerne vom Markt verschwinden lassen haben. Ein prominentes und allgemein geläufiges Beispiel hierfür ist Arthur Andersen mit Enron. Die ehemaligen „Big Five"-Wirtschaftsprüfungsgesellschaften der Welt wurden nach diesem Vorfall in kürzester Zeit auf die „Big Four" reduziert. Ein weiterer international bekannter und aktueller Fall ist Volkswagen. Als die Abgasmanipulation im September 2015 die öffentlichen Medien erreichte, befand sich die Aktie im freien Fall. Weitere Baissen waren genau dann zu verzeichnen, sobald eine weitere Hiobsbotschaft verkündet wurde. Auch bei Volkswagen ist die Wiederherstellung der Reputation mit einem beachtlichen Aufwand verbunden. Bei einem derart sensiblen Tabu-Thema wie Wirtschaftskriminalität werden sogar bekannte Auffälligkeiten stellenweise unternehmensintern mit unzureichender Rigorosität auf Konformität überprüft. Inwiefern schwer zu erklärende Sachverhalte ab und an womöglich zu voreilig „wegargumentiert" und „verplausibilisiert" werden, ist in der betrieblichen Praxis vom gelebten Verhaltenskodex abhängig.

▶ **Tipp** Als Führungskraft sollte eine eindeutige Linie in Bezug auf alle kriminellen Handlungen kommuniziert werden. Die sogenannte „Zero Tolerance"-Strategie, also eine unnachgiebige Verfolgung von großen sowie auch kleinen Straftaten, ist allen Arbeitskräften mitzuteilen. Was noch als regelkonform durchgeht (beispielsweise eine Einladung zum Abendessen mit dem Mandanten bis zu einer klar vordefinierten finanziellen Grenze) und was einheitlich sanktioniert wird, sollte eindeutig festgelegt sein. Zudem sollte die Gültigkeit dieser Regeln unabhängig von der hierarchischen Position bestehen bleiben. Eine durchgängige Einhaltung des Werteverständnisses ist dabei essentiell. Der „tone at the top" (oder auch „tone on the top") übt so auf das gesamte Personal bewusst Wirkung aus. Erst wenn Führungskräfte ein einwandfreies Verhalten auch vorleben, kann dies von der gesamten Belegschaft erwartet werden.

In der betrieblichen Praxis ist gelegentlich ein nachlässiger Umgang mit der Untersuchung und Aufklärung zu beobachten. Es bedarf oftmals eines gewissen Grads an Durchhalte- und Durchsetzungsvermögen. Ein befragter Wirtschaftsdelinquent bringt die Problematik mit folgender Aussage auf den Punkt: „Ich habe manchmal den leisen Verdacht, dass man es gar nicht lösen möchte."[10] Die Gründe für die Vernachlässigung von Unsicherheiten können vielfältiger Natur sein. Nicht erklärbare Auffälligkeiten stören das Tagesgeschäft. Aufklärungsarbeiten nehmen unter Umständen viel Zeit in Anspruch. Zudem sind Handlungen mit krimineller Absicht grundsätzlich schwieriger aufzudecken als unterlaufene Fehler, da der Täter ein Interesse daran hat, unauffällig zu bleiben. Damit wird jedoch ein Teufelskreis herbeigeführt. Denn je länger die Tat unentdeckt bleibt, desto größer ist der durchschnittlich entstandene Verlust.[11] Je größer der Schaden, desto langwieriger und kostspieliger wird letztendlich die Aufarbeitung und Untersuchung. Bei andauernder Untersuchung steigt die Wahrscheinlichkeit eines Reputationsschadens. Im Umkehrschluss bedeutet das, dass jedes Unternehmen ein Interesse daran haben sollte, fraudulente Handlungen rasch aufzudecken und einzudämmen.

> ▶ **Tipp** Um das Risiko eines Reputationsschadens gering zu halten, sollte eine Untersuchung auch ohne konkreten Beweis bereits bei einer Vermutung, einem Anzeichen oder einer Annahme in die Wege geleitet werden. Der zeitliche Faktor nimmt dabei eine entscheidende Rolle ein. Deshalb ist es ratsam, Auffälligkeiten (sogenannte „Red Flags") nicht untätig hinzunehmen oder mit der Hoffnung auf „Selbst-Auflösung" zu ignorieren. Derartige Sachverhalte erfordern höchste Priorität. Dass proaktiv und mit tatsächlich wirksamen Maßnahmen gegen Wirtschaftskriminalität vorgegangen wird, stärkt nachhaltig die Reputation.

---

[10]Tonaufnahme Wirtschaftsstraftäter „H".

[11]Vgl. ACFE (2016a).

Wirtschaftskriminalität in der Praxis 3

Fraudulente Handlungen sind einer Substanz in unbeständigem Zustand ähnlich. Beim Vergleich mit Wasser zeigen sich erstaunlich viele Gemeinsamkeiten. Im Gegensatz zum lebensnotwendigen Elixier bleibt Wirtschaftskriminalität jedoch der vergiftete Counterpart. In der betrieblichen Praxis ist der Begriff „Wirtschaftskriminalität" allgemein verständlich, doch sorgen die weitreichenden Auswirkungen regelmäßig für Überraschungen. Wie auch beim Wasser ist die Substanz aufgrund der Transparenz nicht immer leicht ausfindig zu machen. Durch den im allgemeinen Sprachgebrauch verwendeten Begriff „Blitzeis", der für den innerhalb von kürzester Zeit gefrorenen Regen steht, kann unerwartet ein folgenschwerer Schaden entstehen. Die Materie kann sich stark in ihrer Form verändern und schnell gänzlich neue Eigenschaften aufweisen. Damit sind delinquente Handlungen schwer zu fassen. Sie suchen sich den Weg des geringsten Widerstands, wie auch das Wasser in seiner flüssigen Form.

3.1 Schwer greifbare Handlungen

Die gesamte Umsetzung von praktisch wirksamen Methoden, seien es vorbeugende oder nachsorgende, ist abhängig vom

- jeweiligen Land und
- den Gesetzen,
- von der Branche und
- der Unternehmensgröße,
- von den regionalen Gepflogenheiten und
- der Unternehmenskultur sowie schließlich auch

© Springer Fachmedien Wiesbaden GmbH 2018   13
A. Schuchter, *Wirtschaftskriminalität und Prävention*, essentials,
https://doi.org/10.1007/978-3-658-20069-5_3

- von Art und Weise der wirtschaftsdelinquenten Handlung selbst.

Aufgrund der Einzigartigkeit der Fälle kann lediglich der Gesamtkontext die bestmögliche Umsetzungsmethode bestimmen. Bei der praktischen Arbeit mit Wirtschaftskriminalität gibt es eine allgemeingültige Faustregel: Aufgrund der Vielseitigkeit und Komplexität sind generalisierende Aussagen kaum möglich. Diese Tatsache ist eine grundlegende Voraussetzung für das Verständnis tiefer gehender Ausführungen. Die gute Nachricht: Es gibt Best Practices beim Umgang mit Wirtschaftskriminalität. So ist die Vorgehensweise bei der Vorbeugung und Nachsorge individuell auf das jeweilige Unternehmen festzulegen.

▷   **Tipp** Vorbeugende sowie nachsorgende Methoden müssen maß-
      geschneidert entwickelt werden. Es empfiehlt sich, umgehend einen
      möglichst unabhängigen, parteineutralen und externen Experten bei-
      zuziehen: Nicht nur aufgrund der fachlichen Expertise, sondern auch
      hinsichtlich der unparteiischen und neutralen Aussagekraft bei allfälli-
      gen Gerichtsprozessen.

Erschwerend kommt hinzu, dass die unterschiedlichen Arten von Wirtschafts-kriminalität in der Praxis oftmals als ein ineinander verstricktes Konglomerat erscheinen. Geläufige Verbindungen sind beispielsweise Bilanz- und Dokumentenfälschung, was oftmals auch ein aus den Manipulationen entstandenes Steuerdelikt nach sich zieht. Darüber hinaus sind häufig grenzüberschreitende Verflechtungen zu beobachten, was die Arbeit der Behörden und weitere juristische Vorgehensweisen erschwert. Geldwäsche als Beispiel spielt sich nur selten in einem regional begrenzten Kontext ab. Sie dient der Verschleierung der Herkunft des gesetzeswidrig erwirtschafteten Geldes oder der Vermögenswerte. Zwangsläufig sind solche Straftaten deshalb mit mindestens einer Vortat wie Korruption, Bestechung, Betrug etc. verbunden. Bei Juristen wird das Fachgebiet der Wirtschaftskriminalität mit all seinen Besonderheiten nicht selten als „besonders komplex" bezeichnet. Das Volumen an Akten wirtschaftskrimineller Fälle lässt die Mannigfaltigkeit und Reichhaltigkeit ein Stück weit erkennen. Beim Vergleich mit Gewaltverbrechen befinden sich Einsichtnehmende häufig zwischen den höchsten Aktenbergen. Eine Akteneinsicht, um gezielt Informationen zu einem wirtschaftskriminellen Delikt zu gewinnen, kann sich so rasch als falsch eingeschätzte Herausforderung entpuppen. Die scheinbar simple Frage, was dolos nun von konform unterscheidet, ist im Einzelfall selbst unter erfahrenen Juristen umstritten. Genauso wie fragwürdige Steueroptimierungen können auch unmoralische Bestrebungen zur Erhöhung des Gewinns legal sein. Nicht zwangsläufig sind diese dann auch strafbar. Der umgekehrte Fall ist ebenso möglich. So können Aktivitäten, die auf den ersten Augenblick legal scheinen, mit gesetzlichen Sanktionen einhergehen. Um den Rahmen des *essentials* nicht zu sprengen, wird diesbezüglich auf weitere Ausführungen verzichtet. Bei der Frage, was nun wirtschaftskriminell ist, kann ein Blick in die Pionierarbeit von E. H. Sutherland eine Antwort liefern: „crimes committed by businessmen will be generally designated ‚white-collar crimes' [...] as a violation of the criminal law by a person of the upper socioeconomic class in the course of his occupational activities [...]. The upper socioeconomic class is defined not only by its wealth but also by its respectability and prestige in the general society."[1] Da der Gesetzgeber die Grenze der Legalität bestimmt, benötigen kriminelle Handlungen eine Verletzung dieser verpflichtenden Vorschriften, so ist zumindest die Auffassung des Autors und von Sutherland. Bei Betrachtung der bereits über ein dreiviertel Jahrhundert alten Schrift fällt auf, dass die Herkunft der Wirtschaftsdelinquenten heutzutage nicht nur mehr auf die „upper socioeconomic class" beschränkt werden kann. Das Spektrum hat sich vergrößert: Die Täter kommen nun aus allen sozialen Schichten. Die Greifbarkeit wirtschaftsdelinquenter Handlungen wird dabei zusätzlich erschwert.

▶ **Tipp** Studien belegen, dass im Gesamtvergleich in den obersten Führungsebenen in Summe weniger Straftaten verübt werden. Jedoch fallen dabei entstandene Verluste mit Abstand am höchsten aus.[2] Angepasst auf die Unternehmensstrategie und Risikobereitschaft sollten vorbeugende sowie nachsorgende Maßnahmen deshalb auf allen hierarchischen Ebenen angewendet werden.

Die zuvor gezeigten Ausführungen lassen bereits erahnen, dass es keine einheitliche Definition für Wirtschaftskriminalität gibt. Eine gelungene Worterklärung findet sich in den „Internationalen Standards für die berufliche Praxis der internen Revision 2017":

Illegale Handlungen, die sich in vorsätzlicher Täuschung, Verschleierung oder Vertrauensmissbrauch ausdrücken. Diese Handlungen sind nicht abhängig von Gewaltandrohung oder Anwendung körperlicher Gewalt. Dolose Handlungen werden von Beteiligten und Organisationen begangen, um in den Besitz von Geldern,

---

[1] Sutherland (1941).
[2] Vgl. ACFE (2016b).

Vermögensgegenständen oder Dienstleistungen zu gelangen, um Zahlungen oder den Verlust von Leistungen zu vermeiden oder um sich einen persönlichen oder geschäftlichen Vorteil zu verschaffen.[3]

Die sich herausgebildeten Aufgabengebiete sind ähnlich vielfältig wie die Begriffsdefinition zu Wirtschaftskriminalität. Beim Vergleich der einzelnen Arten von devianten Handlungen wird der Facettenreichtum nochmals deutlich. Folgende Erscheinungsformen sind grundsätzlich häufig in der betrieblichen Praxis anzutreffen.

- Betrug
- Bestechung
- Korruption
- Erpressung
- Steuerdelikte
- Zolldelikte
- Veruntreuung
- Unterschlagung
- Insolvenzdelikte
- Sozialkriminalität
- Schwarzarbeit
- (IT-) Cyber-Kriminalität
- Dokumentenfälschung
- Urkundenfälschung

Nachfolgende Straftaten treten im Vergleich seltener auf, doch können diese besonders hohe Verluste und irreparable Konsequenzen mit sich bringen:

- Geldwäsche
- Bilanzmanipulation
- Produktpiraterie
- Industriespionage
- Verstöße gegen das Wettbewerbsrecht

Grundsätzlich verfolgt der Täter ein konkretes Ziel, welches sich bei der Tatbegehung mit seinen eigenen oder mit den betrieblichen Interessen deckt. Beim Zeitpunkt

---

[3]IIA (2016).

der Tatverübung ist dem Delinquenten unzureichend bewusst, dass seine dolose Handlung auf längere Hinsicht allen Beteiligten schadet. Für ihn überwiegen zu diesem Zeitpunkt die Vorteile. Die Wahrscheinlichkeit einer Entdeckung der dolosen Handlung schätzt der Delinquent als äußerst gering ein. Die Verfügungsmacht sowie die Ressourcen des Unternehmens werden unrechtmäßig eingesetzt und missbraucht. Dabei gibt es ein allgemeingültiges und gemeinsames Merkmal, welches sich von anderen Straftaten unterscheidet und in seiner Ausprägung einzigartig ist: Der massive Vertrauensmissbrauch.[4] Gleichzeitig gilt die vertrauenswürdige Ausstrahlung einer Person als eine notwendige Voraussetzung, um überhaupt in eine Position zu gelangen, in der die Tatbegehung möglich wird.

> **Tipp** Die Beanstandung, dass das Umfeld die wirtschaftskriminelle Handlung genau jener Person, die sich schließlich als Täter entpuppte, am allerwenigsten zugetraut hätte, ist für den Untersuchenden bei fast allen Fällen zu hören. So herausfordernd und gleichzeitig unsinnig es für die Umgebung in diesem Moment scheinen mag, ist es essentiell, dass genau jene vermeintlich vertrauenswürdigen Personen genauer in Augenschein genommen werden. Das Sprichwort „Vertrauen ist gut, Kontrolle ist besser" ist nur beschränkt zutreffend, da eine gewisse Kontrolle das Vertrauen nicht zwangsläufig ausschließt. Die Redewendung: „Vertraue, aber prüfe nach" ist an dieser Stelle geeigneter.

Neben der Regulierungsflut der letzten Jahre stellt sich zunehmend die Frage, welche Faktoren aktuell Einfluss auf wirtschaftsdelinquente Handlungen haben. Der Autor möchte an dieser Stelle eine neue, aber unzureichend überprüfte Hypothese anbringen: Bestimmte Entwicklungen der betrieblichen Praxis könnten heutzutage einen wesentlichen Einfluss auf delinquente Handlungen haben. So ist es vorstellbar, dass rasch wachsende Unternehmen mit kurzen Führungszyklen und kurzfristig ausgerichteten Gewinnzielen einen geeigneten Nährboden bieten. Kürzere Beziehungen zu den Kollegen sowie neue Technologien ermöglichen heutzutage mehr Anonymität. Dementsprechend stellt der Autor die These auf, dass somit eine ehrliche Zusammenarbeit für den potenziellen Täter an Attraktivität verliert. Im Umkehrschluss würde dies bedeuten, dass fraudulente Handlungen mehr Zuspruch finden. Die mit den Folgen einer Wirtschaftsstraftat

---

[4]Vgl. Schuchter (2012a).

konfrontierten Opfer sind oft sprachlos und können die geschehenen Ereignisse kaum fassen. Vor allem die Mitarbeitenden und Angehörigen des Täters stellen sich wiederholt die Frage, wie es nur sein konnte, dass ein schweres Delikt über einen langen Zeitraum unbemerkt blieb. Die Betroffenen bleiben mit dem Gefühl der Täuschung zurück und sind gezwungen, sich den weitreichenden persönlichen Konsequenzen zu stellen.

3.2   Wettrüsten bis zum Äußersten

Eine Google-Suche für den Zeitraum zwischen 01.01.2005 und 31.12.2010 mit dem deutschsprachigen Begriff „Wirtschaftskriminalität" ergibt etwa 9500 Einträge. Derselbe Zeitraum sechs Jahre später, vom 01.01.2011 bis zum 31.12.2016, zeigt bereits 41.700 Einträge.

▶   In Bezug auf die Anzahl der Google-Treffer ergibt sich innerhalb weniger Jahre eine Steigerung von über 400 %. Dieser Zuwachs spiegelt ungefähr die Entwicklung des Geschäftsfeldes um die Wirtschaftskriminalität in der DACHLI-Region (Deutschland, Österreich, Schweiz und Liechtenstein) wider.

Dass die Tätigkeitsfelder in diesem kostspieligen Bereich der Kriminalität an praktischer Relevanz gewonnen haben, ist auch an den Dienstleistungen zahlreicher Beratungs- sowie Wirtschaftsprüfungsgesellschaften zu erkennen. Das Angebotsspektrum für forensische Aufträge wurde massiv ausgeweitet. Neben den größeren Konzernen haben ebenso die kleineren und hoch spezialisierten Boutiquen das Marktpotenzial erkannt. Die Nachfrage nach Dienstleistungen im Fachbereich der Wirtschaftskriminalität wächst mit zunehmender Geschwindigkeit. Manipulationsskandale der vergangenen Jahre bewirkten eine ganze Reihe neu formulierter Gesetze und trugen damit maßgeblich zu dieser Entwicklung bei. Der „Sarbanes-Oxley Act of 2002"[5] gilt als Startschuss weltweiter Veränderungen des regulatorischen Umfeldes. Nicht nur die internationale Vernetzung des Welthandels, sondern auch schwerwiegende Betrugsskandale machten es notwendig,

---

[5]Der Sarbanes-Oxley Act of 2002 wurde vom US-amerikanischen Kongress verabschiedet und wird als das bedeutendste Gesetz des Kapitalmarkts betrachtet. Dieses Bundesgesetz ist eine Reaktion auf die vorausgegangenen Manipulationsskandale und dient unter anderem der Wiederherstellung des öffentlichen Vertrauens in den Kapitalmarkt.

die Gesetzeslage anzupassen. Begleitet von emotional aufgeladenen Debatten hat auch die Finanzmarktkrise von 2007 beispielsweise mit dem „Dodd-Frank Act"[6] ihren Teil dazu beigetragen. Neben den amerikanischen Gesetzen haben auch europäische, wie beispielsweise der „Bribery Act 2010"[7], Auswirkungen auf alle Länder. Die Vereinbarungen über die Standesregeln zur Sorgfaltspflicht im Finanzdienstleistungsbereich haben sich verschärft. Alle Verteidigungslinien gegen Fehlentwicklungen wie Wirtschaftskriminalität befinden sich im Umbruch. Das inzwischen international bekannte „Three Lines of Defense Model" erlangt an Relevanz in der betrieblichen Praxis. Aufgrund der steigenden Anforderungen werden die Tätigkeitsfelder der Berufsgruppen aller drei Verteidigungslinien neugestaltet. Der Fokus ist dabei stärker als jemals zuvor auf betrügerische Handlungen gerichtet.[8]

1. „First Line of Defense": Diese Verteidigungslinie ist mit der Prüfung des Tagesgeschäftes betraut. Die Geschäftsführung wird von dieser sowie von den anderen beiden Verteidigungslinien aufgrund ihrer Überwachungsfunktionen unterstützt. Wesentliche Elemente der ersten Verteidigungslinie sind unternehmensinterne Kontrollsysteme und -maßnahmen, die vom operativen Management bedient werden. Die ausgeführten Aufgaben beziehen sich dabei auf Abstimmungsprüfungen, Funktionstrennungen, Review- und Bewertungstätigkeiten, Ablaufplanungen, Vergütungssysteme, Wertesysteme und andere Steuerungsinstrumente.

2. „Second Line of Defense": An dieser Stelle wird die erste Verteidigungslinie gegen dolose Handlungen sowie andere Fehlentwicklungen überwacht. Es wird auch hier an die Geschäftsleitung rapportiert. Grundsätzlich setzt sich diese zweite Verteidigungslinie aus dem Risikomanagement, der finanziellen Kontrolle, der Qualitätssicherung und dem Sicherheitsmanagement

---

[6]Als Reaktion auf die Finanzmarktkrise wurde der Dodd-Frank Act (Dodd-Frank Wall Street Reform and Consumer Protection Act) im Jahr 2010 verabschiedet. Übergeordnetes Ziel ist der Schutz der US-Finanzstabilität, des Steuerzahlers und des Konsumenten durch mehr Transparenz und Verantwortlichkeit.

[7]Der UK Bribery Act wurde 2010 verabschiedet und ist neben dem wesentlich älteren amerikanischen Foreign Corrupt Practices Act (FCPA) das wohl bekannteste Antikorruptionsgesetz. Hervorzuheben ist, dass der UK Bribery Act (UKBA) einen internationalen Anwendungsbereich findet. Geldstrafen können dabei in unbegrenzter Höhe geltend gemacht werden. Bei natürlichen Personen sieht der UKBA zudem bis zu zehn Jahren Freiheitsstrafe vor.

[8]Vgl. FERMA & ECIIA (2011).

zusammen. Zu den Funktionselementen zählen beispielsweise Meldesysteme, Weiterbildungs- und Sensibilisierungsmaßnahmen. Persönliche Haftung für Verantwortliche, höhere Strafzahlungen und die Befürchtung vor Reputationsschäden ließen gänzlich neue unternehmensinterne Abteilungen entstehen. In Windeseile wuchs beispielsweise der Fachbereich „Compliance" zum Goliath heran. Zahlreiche neue Stellenausschreibungen im deutschsprachigen Raum verdeutlichen den aktuellen Anforderungsumfang, den dieses Feld die letzten Jahre gewonnen hat.

3. „Third Line of Defense": Die dritte Verteidigungslinie gegen dolose Handlungen besteht aus der internen Revision, die die ersten beiden Linien überwacht. Die Berichterstattung erfolgt an dieser letzten Bastion nicht nur an das Management, sondern auch an die Aufsichtsorgane. Im weiteren Sinne sind ebenso die externe Revision sowie der Regulator zu berücksichtigen. Im Allgemeinen werden diese beiden externen Instanzen der dritten Verteidigungslinie zugeordnet. Manchmal wird in diesem Zusammenhang auch von der sogenannten „vierten Verteidigungslinie" berichtet.

> **Tipp** Damit der Schutzmechanismus der Verteidigungslinien wirksam ist, sollte die interne Revision (ähnlich der externen Revision) unbedingt als unabhängige Stabstelle fungieren.

Die tatsächliche Unabhängigkeit ist in der betrieblichen Praxis aufgrund der schwierigen Umsetzung mehr Schein als Sein. Wie auch mit der externen Revision ist häufig spätestens bei der Festlegung des Budgets respektive Honorars eine Abhängigkeit gegeben. Um den Rahmen dieses Buches nicht zu sprengen, wird darauf verzichtet, hierzu auf Details einzugehen. Was jedoch die Revision anbelangt, ist häufig eine intensive Zusammenarbeit mit der Geschäftsführung und den Aufsichtsorganen wahrzunehmen. Aufgrund dieser Umstände sowie der gesamtheitlichen Überwachungstätigkeit der dritten Verteidigungslinie werden hierzu einige für die betriebliche Praxis essentielle Themen aufgegriffen.

> Obwohl die Hauptverantwortung für Wirtschaftskriminalität weiterhin ausdrücklich bei der Geschäftsleitung und den Verantwortlichen verbleibt, obliegen der internen Revision folgende Verantwortungsbereiche:[9]

---

[9]Vgl. IIA (2013).

- Die interne Revision muss über ausreichend Wissen zu Wirtschaftskriminalität verfügen, um Auffälligkeiten (sogenannte „Red Flags") identifizieren und beurteilen zu können.
- Im breiten Tätigkeitsumfang der internen Revision sind auch alle Formen vorbeugender Maßnahmen in Bezug auf dolose Handlungen inbegriffen. Deshalb wird von den Standards nicht nur erwartet, dass sich die interne Revision mit konkreten Präventionsmethoden auseinandersetzt, sondern diese auch federführend und fortlaufend entwickelt respektive entwickeln lässt.
- Wirtschaftsdelinquente Risiken müssen bereits bei der Prüfungsplanung und bei allen Kontroll-Assessments der internen Revision verstärkt ins Blickfeld gerückt werden.
- Gängige Kontrollschwächen hinsichtlich der Durchlässigkeit wirtschaftskrimineller Handlungen müssen der internen Revision bekannt sein.
- Die interne Revision muss über ein grundsätzliches Verständnis der Durchführungsart und -weise forensischer Sonderuntersuchungen verfügen.
- Mit erhöhtem Verdacht auf wirtschaftsdelinquente Handlungen und entsprechendem Beweismaterial muss die Geschäftsleitung von der internen Revision informiert werden. Weitere Vorgehensweisen sind dann umgehend zu diskutieren.
- Konkrete Empfehlungen erforderlicher und weiterführender Maßnahmen bei bereits stattgefundenen Wirtschaftsstraftaten sind von der internen Revision vorzunehmen.

Jene Expertise, über die ein auf Wirtschaftskriminalität spezialisierter Fachexperte verfügt, ist gemäß den sogenannten „International Standards for the Professional Practice of Internal Auditing (Standards)" jedoch nicht zwangsläufig erforderlich. Obwohl das verantwortliche Aufgabenspektrum der internen Revision beim Vergleich mit anderen Berufsgruppen ein beachtliches Ausmaß einnimmt, limitieren personelle Ressourcen die vorhandenen Fachkenntnisse zu dolosen Handlungen. Ähnlich wie beim IT-Bereich handelt es sich deshalb um ein in der betrieblichen Praxis häufig ausgelagertes Tätigkeitsgebiet.

▶ **Tipp** Um den praktischen (aber auch den regulatorischen) Anforderungen angemessen gerecht zu werden, ist eine Rekrutierung von Experten auf dem Gebiet der Wirtschaftskriminalität für eine Stellenbesetzung im Bereich der internen Revision erwägenswert. Nicht nur vorbeugend, sondern auch nachsorgend ist damit eine Steigerung der Effizienz und der Wirksamkeit der praktischen Revisionsarbeit in Unternehmen möglich. Dies trifft ebenso auf die externe Revision zu. Schließlich kann die Revision so ihre Verantwortung bei der Bekämpfung von dolosen Handlungen wahrnehmen. Im Sinne der Geschäftsführungsmitglieder sinken dadurch auch potenzielle Vermögens-, Haftungs- und Reputationsrisiken.

Verschärfte Anforderungen betreffen die externe mindestens ebenso stark wie die interne Revision. Im Gegensatz zur internen bleibt der Fokus der externen Revision jedoch im Rahmen der Financial Statements und ist deshalb auch nicht präventiver, sondern historischer Natur. Mit hinreichender Sicherheit ist zu beurteilen, ob der Jahresabschluss den Anforderungen entspricht und keine wesentlich falschen Angaben enthält. Statt mit „berufsüblicher Sorgfalt" wird der Jahresabschluss im Rahmen eines risikoorientierten Prüfungsansatzes vom Wirtschaftsprüfer nun eigenverantwortlich mit „berufsüblicher Skepsis" geprüft. Dieser neue Fokus der Prüfungspraxis mit Hervorhebung einer sogenannten „kritischen Grundhaltung" existiert erst seit wenigen Jahren. Gemäß den internationalen Standards sind alle Aussagen und Aufzeichnungen nun stärker zu hinterfragen. Immanentes Misstrauen ist dabei allerdings nicht zwingend erforderlich. Doch ist es in der Prüfungspraxis untersagt, dass aufgrund bisheriger positiver Erfahrungen die Kontrollaktivitäten eingeschränkt stattfinden. Bereits bei einem Anfangsverdacht auf Unregelmäßigkeiten, sollten die Prüfungshandlungen entsprechend ausgeweitet werden. Dabei ist diese Ausweitung für den Wirtschaftsprüfer alles andere als einfach, denn sein Tätigkeitsgebiet unterscheidet sich in jeder Hinsicht und in der gesamten Breite von jenem eines forensischen Untersuchers. Bei Zweifel an der Echtheit der Dokumente ist der Prüfer gemäß Standards dennoch gezwungen Nachforschungen anzustellen.

► **Tipp** Wirtschaftsprüfer und Steuerberater stoßen, wie auch Finanzverantwortliche, Controller etc., mit ihren forensischen Fachkenntnissen schnell an ihre Grenzen, sofern keine umfassende Zusatzausbildung absolviert wurde. Die Prüfungsstandards der externen Revision betonen deshalb ausdrücklich, dass auf die Spezialkompetenz von Forensik-Experten zurückzugreifen ist.[10] Bei Nichteinhaltung oder lascher

---

[10]Vgl. IFAC (2008).

Handhabung dieser obligatorischen Anforderung drohen auch dem Wirtschaftsprüfer einschneidende Konsequenzen. Ihm ist die Geschäftsführung zu korrekten Aussagen verpflichtet. Dies wird nicht nur mit dem unterzeichneten Jahresabschluss und Lagebericht, sondern auch mit der Vollständigkeitserklärung bestätigt. Darin garantiert die Geschäftsleitung die vollständige Informationsweitergabe aller gewöhnlichen sowie ungewöhnlichen Angelegenheiten, wozu insbesondere dolose Handlungen zählen.

Zudem werden neue EU-Abschlussprüferrichtlinien und -verordnungen verabschiedet und bedürfen der Umsetzung in nationales Recht. Mit der aktuellen Reform verbindlicher Vorgaben für den Berufsstand der Abschlussprüfer (beispielsweise RL 2014/56/EU) gingen weitreichende Modifizierungen für die gesamte Corporate Governance einher. Mit diesen Änderungen rücken Wirtschaftsstraftaten nicht nur verstärkt in das Blickfeld der Abschlussprüfer, sondern haben umfassende Auswirkungen auf die gesamte Unternehmenspraxis. Das Thema „Wirtschaftskriminalität" wird auch damit aufgebrochen und gewinnt für viele Berufsgruppen kontinuierlich an Relevanz.

▶ **Tipp** Stärker als jemals zuvor erfordert das praktische Aufgabengebiet des Managements zumindest ein Basiswissen zu Wirtschaftskriminalität. Schließlich liegt die Hauptverantwortung bei der Geschäftsführung. Die bereits beschriebenen Vermögens-, Haftungs- und Reputationsrisiken gehören zu den wesentlichen Geschäftsrisiken. Da sich das Fachgebiet in einem stetigen Entwicklungsprozess befindet, sind laufende Weiterbildungen des gesamten Kaders, auch mit Blick auf die internationalen Antikorruptionsgesetze, dringend empfehlenswert.

Entstehung von Wirtschaftskriminalität 4

Die Frage, wie es sich erklären lässt, dass einige Individuen in der betrieblichen Praxis eher zu normabweichenden und wirtschaftskriminellen Handlungen bereit sind als andere, lässt sich durch aktuell belegte Erkenntnisse beantworten. Diese Beweise aus der Forschung finden in der betrieblichen Praxis breite Anwendung. Diesbezüglich muss jedoch eingestanden werden, dass hierzu die gesamte betriebswirtschaftliche Disziplin in der DACHLI-Region lediglich aus einer Handvoll Menschen besteht. Angesichts der weiten Verbreitung und der immensen Verluste, die durch dolose Handlungen entstehen, ist dies wohl mehr als nur erstaunlich. Briten, Amerikaner und andere haben bereits vor einem halben Jahrhundert massiv aufgerüstet. Seitdem werden in einer eigenen, bei uns in dieser Form bis heute nicht existierenden Fachdisziplin zu Kriminologie („Criminology") praktische Entstehungsgründe erforscht. Ausländische Eliteuniversitäten ernten großes Ansehen mit erfolgreichen Instituten und Lehrstühlen zu Wirtschaftskriminalität aus der betriebswirtschaftlichen Disziplin. Im Fachbereich Accounting ist beispielsweise die Harvard University mit dem Jakurski Family Associate Professor of Business Administration, Eugene F. Soltes, regelmäßig in den Medien. Sein aktuell gefeiertes Buch trägt den Titel „Why they do it". Den wenigen wirtschaftswissenschaftlichen Forschern im deutschsprachigen Raum wird entgegengehalten, dass sich unsere Jurisprudenz bereits mit Wirtschaftskriminalität beschäftigt. Dazu möchte der Autor zu bedenken geben, dass einerseits auch im angelsächsischen Raum die Disziplin der Rechtswissenschaften („Law") existiert, und andererseits Juristen rechtswissenschaftlich, und kaum betriebswirtschaftlich arbeiten. In Bezug auf Kontrollsysteme, innerbetriebliches Prozessverständnis, Finanz- und Rechnungswesen sowie in anderen betriebswirtschaftlichen Fachbereichen kann die Rechtswissenschaft nur eine sehr begrenzte Rolle einnehmen. Dabei ist das genau jener hierzulande vernachlässigte Bereich,

© Springer Fachmedien Wiesbaden GmbH 2018 25
A. Schuchter, *Wirtschaftskriminalität und Prävention*, essentials,
https://doi.org/10.1007/978-3-658-20069-5_4

der nutzbringende Hinweise auf die Entstehungsgründe liefert. Die betriebliche Praxis zeigt in einigen Fällen im deutschsprachigen Raum eine optimierungsfähige Personalzusammensetzung. Insbesondere zu beobachten ist dieses Phänomen in der „Second Line of Defense" im Fachbereich der Compliance. Dort zeichnet sich ein klarer Überhang an Juristen ab. Deren unverzichtbar wertvolle und nachsorgende Rolle ist unbestritten und wird hiermit auch nicht infrage gestellt. Doch in Bezug auf die Eindämmung praktischer Entstehungsgründe wäre – auch im Bereich Compliance – die Sichtweise der Betriebswirtschaft sinnvoll. Um maximale Arbeitseffizienz zu erhalten, sind beispielsweise die Compliance-Teams bei den „Big Four"-Wirtschaftsprüfungsgesellschaften interdisziplinär besetzt.

▶   **Tipp** Es empfiehlt sich, Compliance-Teams mit Experten unterschiedlicher Disziplinen zu bilden, wobei die konkrete Aufgabenverteilung im Einzelfall variieren kann. Eine Begegnung der Spezialisten auf Augenhöhe erweist sich dabei als hilfreich.

Aufgrund unzureichender Erforschung im deutschsprachigen Raum stammen beinahe 100 % der für unsere betriebliche Praxis unerlässlichen Erkenntnisse aus der angelsächsischen Region. Deshalb müssen wir uns damit begnügen und auch in Kauf nehmen, dass einige Entstehungsgründe für die regionale Praxis nicht immer maßgeschneidert sein können. Die Gründe dafür liegen nicht nur in den kulturellen oder strukturellen Unterschieden, sondern auch in den Gesetzen und Vorschriften bis hin zur Vorbildung der Mitarbeitenden. Zahlreiche Unternehmen suchen händeringend nach Nachwuchs mit Basiskenntnissen zu fraudulenten Handlungen. An den eigenen betriebswirtschaftlichen Bildungseinrichtungen wird Wirtschaftskriminalität stiefmütterlich behandelt. Dies mag auch am Expertenmangel liegen.

4.1   Gängigster Erklärungsansatz

Wie in den vorangegangenen Kapiteln angedeutet, muss in Bezug auf die Beantwortung der Eingangsfrage folgendes hinzugefügt werden: Beinahe alle Fragen um wirtschaftsdelinquente Handlungen entziehen sich generalisierender Antworten. Dies schließt jedoch nicht aus, dass gängige Erklärungsmuster existieren. Es

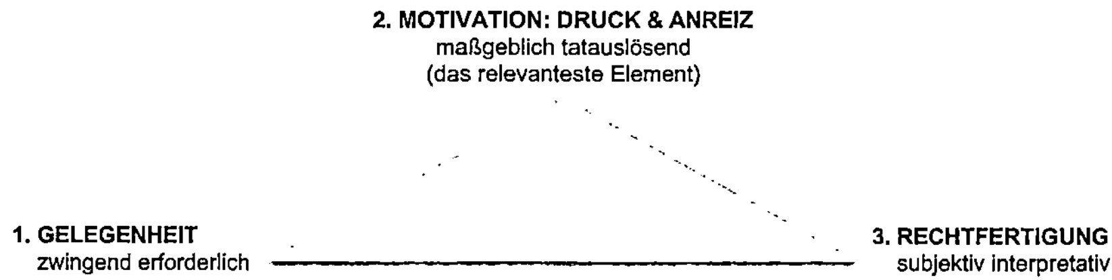

Abb. 4.1 „Fraud Triangle" mit Ergänzungen aus der eigenen Täterforschung

gibt eine ganze Reihe an Erklärungsansätzen der Entstehungsursachen.[1] Um nicht den Rahmen zu sprengen, wird hier auf das wohl am weitesten verbreitete Modell in der betrieblichen Praxis eingegangen: das „Fraud Triangle".

▶ **Tipp** Es ist jedoch zu berücksichtigen, dass in der Praxis zahlreiche weitere Erklärungsgründe existieren, die in den Lehrbüchern keinen Eingang gefunden haben. Im Einzelfall empfiehlt es sich deshalb, Modelle kritisch zu hinterfragen.

Das „Fraud Triangle" zählt zu einem der weltweit bekanntesten Erklärungsmodelle zu den Entstehungsgründen wirtschaftskrimineller Handlungen. Dieser Ansatz wurde in den 1950er Jahren unter anderem von Donald R. Cressey an der University of California erforscht. Mit einem noch nie dagewesenen Bekanntheitsgrad findet das sogenannte dolose Dreieck in der deutschsprachigen Praxis akribische Anwendung. Das „Fraud Triangle" besagt, dass es zu wirtschaftskriminellen Handlungen kommt, wenn die folgenden in Abb. 4.1 dargestellten drei Elemente zusammenkommen.

▶ „When fraud occurs there are three conditions that must be present: A. Incentive/pressure – a reason to commit fraud. B. Opportunity – e.g., ineffective controls, override of controls. C. Attitude/rationalization – ability to justify the fraud to oneself."[2]

---

[1] Beispielsweise die „Theory of Differential Association", der „Fraud Diamond", das „Triangle of Fraud Action", die „Fraud Scale", das „M.I.C.E." etc.

[2] AICPA (2005).

Demzufolge sind folgende Elemente erforderlich:

A. Motivation der Tat (Anreiz oder/und Druck als Tatgrund)
B. Gelegenheit zur Tatausübung
C. Rationalisierung oder Neutralisierung der Tat

In der Berufspraxis ist man teilweise der Auffassung, dass die Wahrscheinlichkeit auf nahezu Null sinke, wenn eine oder mehrere der drei Voraussetzungen des Dreiecks nicht vorliegen. Andere wiederum sind der Meinung, dass es schlicht nicht möglich sei, die Elemente zu beurteilen. Wenn dem so wäre, dann hätte die gesamte Arbeit der internen und externen Revisoren, Risikomanager, Compliance-Spezialisten, Forensiker und anderer Berufsstände einen katastrophalen Wertverlust zu verbuchen. Schließlich stellt das „Fraud Triangle" eine der gängigsten Praxisgrundlagen dar. Obwohl es nach wie vor ein besonders wertvolles Modell ist, lässt sich die Realität nicht einfach auf drei Bedingungen reduzieren, die für die Tatbegehung erfüllt sein sollen.

> ▶ Die weit verbreitete Behauptung, dass Wirtschaftskriminalität erst
> auftritt, wenn alle drei Elemente des Dreiecks vorhanden sind, wurde
> im Rahmen von aufgezeichneten Tätergesprächen widerlegt.[3] Gemäß
> den Aussagen der rechtskräftig verurteilten Wirtschaftsstraftäter ist
> weder die Motivation noch die Rechtfertigung unbedingt erforderlich.
> So bleibt lediglich die Gelegenheit eine einzig zwingend erforderliche,
> aber meistens nicht ausreichende Voraussetzung zur Tatausübung. In
> der betrieblichen Praxis können Gelegenheiten zwar reduziert, doch
> niemals eliminiert werden. Selbst bei der besten Abwehr bestehen
> weiterhin unzählige Gelegenheiten, die glücklicherweise nicht alle für
> dolose Zwecke missbraucht werden. Dass nur die wenigsten für wirt
> schaftskriminelle Handlungen wahrgenommen werden, ist auf die
> unternehmensintern – mehr oder weniger bewusst – gesteuerte Vor
> beugung zurückzuführen.[4]

Auf Tonband aufgenommene Aussagen der Wirtschaftsstraftäter belegen diese für die betriebliche Praxis relevante Erkenntnis. „Nein, es gab keinen Druck und

---

[3]Vgl. Schuchter (2012b).
[4]Vgl. Schuchter und Levi (2013).

nein, eine innere Stimme hat es auch nicht gegeben, weil ich mir eigentlich eines wirklichen Unrechtes in der Zeitspanne nicht bewusst war."[5] „Der Anreiz des Vorfalls war nicht gegeben, da gab es keinen. Es war nie beabsichtigt, dass wir die Leute betrügen ... Die Absicht einer Tat war nicht da, deshalb waren es keine der genannten Auslöser."[6] „Wir hatten nichts Unrechtmäßiges im Sinn ... Das, was wir gemacht haben, da muss man kein schlechtes Gewissen haben."[7] Ähnlich wie auch der Autor befragte Cressey verurteilte Wirtschaftsstraftäter. Dass es nicht alle drei Elemente des „Fraud Triangle" benötigt, war ihm vermutlich damals bereits bewusst. Schließlich entwickelte er zwar die einzelnen Elemente des dolosen Dreiecks inhaltlich weiter, stellte es aber nicht als ein geschlossenes Erklärungsmodell dar. In seinen Werken kommt der Begriff „Fraud Triangle" nicht vor, sondern wurde erst später so bezeichnet. Es ist allerdings ein verbreiteter Irrtum, dass das ursprüngliche Gedankengut des wohl wesentlichsten Erklärungsmodells für wirtschaftskriminelle Handlungen von Cressey stammt. Tatsächlich ist Svend H. Riemer der vergessene Urheber, die Originalquelle und der inhaltliche Erfinder des heute als „Fraud Triangle"[8] bezeichneten Konstrukts.

> ▶   Ohne direkte Täterbefragung gelangen Experten bei der Eruierung der Entstehungsgründe doloser Handlungen an ihre Grenzen. Die einzige Person, die tatsächlich imstande ist, die Hintergründe und Auslöser einer wirtschaftskriminellen Straftat zu benennen, kann nur der Täter sein.

Bei einer Befragung von Experten zu den möglichen Gründen für eine delinquente Handlung wird zwar schnell eine repräsentative Aussage gewonnen, doch nur im Hinblick auf die Behauptung der befragten Experten – nicht jedoch, was die tatsächlichen Beweggründe der Täter betrifft. Obwohl Praktiker wissen, dass es sich beim Fraud Triangle um ein altes und theoretisches Konstrukt handelt, findet es dennoch auch gegenwärtig breiten Anklang. Mangelnde Alternativen dürfte wohl einer der wesentlichen Gründe sein. Darüber hinaus ist das Modell mit seinen drei Elementen auch für Fachfremde leicht verständlich. Das dolose Dreieck fand zuerst in die US-amerikanischen Prüfungsstandards (Statement on Auditing

---

[5]Tonaufnahme Wirtschaftsstraftäter „D".

[6]Tonaufnahme Wirtschaftsstraftäter „J".

[7]Tonaufnahme Wirtschaftsstraftäter „C".

[8]Vgl. Riemer (1941).

Standards 82 und 99, Public Company Accounting Oversight Board Number 5 etc.) Eingang, bevor es in die internationalen Prüfungsstandards (International Standards on Auditing 240 und 250 etc.) übernommen wurde. Diese internationalen Prüfungsstandards sind inzwischen auch für die Länder im deutschsprachigen Raum verbindlich.

> ▶ Die nationalen Anforderungen für den Jahresabschluss wurden den internationalen angepasst. Die Prüfung der einzelnen Elemente des „Fraud Triangle" mit Blick auf Unregelmäßigkeiten wurde spätestens mit dieser Modifikation zur Grundlage der externen, aber auch der internen Revisoren im deutschsprachigen Raum. Damit gelang diesem Erklärungsansatz der endgültige Durchbruch in der ansässigen betrieblichen Praxis.

So weist beispielsweise der Prüfungsstandard 210 des Instituts der Wirtschaftsprüfer in Deutschland auf folgende Übereinstimmung hin: „Eine Prüfung im Einklang mit diesem IDW Prüfungsstandard erfüllt die Anforderungen des International Standard on Auditing (ISA) 240 <The Auditor's Responsibilities Relating to Fraud in an Audit of Financial Statements> und ISA 250 <Consideration of Laws and Regulations in an Audit of Financial Statements>."[9] Neben der externen Revision ist auch die dritte Verteidigungslinie mit der internen Revision spätestens mit dem Dreieck konfrontiert, sobald sie gemäß Standard 1210.A2 des „International Professional Practices Framework (IPPF)" die Risiken für dolose Handlungen sowie die Art, wie diese Risiken im Unternehmen gehandhabt werden, zu beurteilen hat.[10] Obwohl das Erklärungsmodell durch neue Erkenntnisse widerlegt wurde, verliert es aufgrund der ähnlichen Konstellation der entdeckten auslösenden Faktoren wenig an Relevanz. Die neuen Erkenntnisse sollten bei der Systemgestaltung in der betrieblichen Praxis jedoch nicht unberücksichtigt bleiben.

> ▶ **Tipp** Unter dem Vorbehalt, dass es nur die Gelegenheit zur Tatbegehung benötigt (diese jedoch meistens nicht ausreichend ist) und sich die Realität kaum auf drei Elemente reduzieren lässt, kann das Dreieck als ein Ausgangspunkt für die Wirksamkeitsbeurteilung unternehmensinterner Präventions- und Abwehrmaßnahmen dienlich sein.

---

[9]IDW (2012).

[10]Vgl. IIA (2016).

Aufgrund des veranschaulichten Stellenwerts des „Fraud Triangle" als Erklärungsansatz sind Basiskenntnisse nun auch für Verantwortliche, Geschäftsführungsmitglieder und Aufsichtsorgane sinnvoll. Darüber hinaus werden Messgrößen der internen und externen Revisoren damit leichter verständlich.

4.2   Tatursachen und Prävention aus Tätersicht

Obwohl die Gelegenheit das einzig zwingend erforderliche Element des „Fraud Triangle" darstellt, ist dies dennoch selten die alleinige Voraussetzung zur Tatausübung. „Ich habe gemerkt, dass Kontrollen nicht stattfinden, d. h. das Loch ist offen gewesen."[11] Mit dieser Aussage eines Wirtschaftsstraftäters wird deutlich, dass die Gelegenheit zuerst einer Wahrnehmung bedarf. Eine existierende, aber für eine potenzielle Straftat nicht erkannte Gelegenheit, ist diesbezüglich irrelevant.

▶ Aufgrund unzureichender Kontrollen besteht beim potenziellen Täter zudem der Eindruck, bei seiner dolosen Handlung nicht erwischt zu werden. Fast alle Delinquenten sind kurz vor der Verübung sogar davon überzeugt: Der Täter geht „... davon aus, dass er dabei nicht erwischt wird. Infolgedessen kann eine Sanktion, die droht ..., nie zur Wirkung kommen, weil er ja davon ausgeht, dass der Fall nicht eintritt."[12] Damit wird einigermaßen verständlich, warum verschärfte Sanktionen den potenziellen Täter nur beschränkt abhalten. Zudem besteht damit die Gefahr der Schaffung einer Angstkultur, was wiederum Druck, ein weiteres tatbegünstigendes Dreiecks-Element, verursacht.

Die Kontrolle an sich, als eine scheinbar rein investigative Maßnahme, erhält einen stark präventiven Charakter: „Strengere interne Kontrollen hätten als vorbeugende Maßnahme gewirkt."[13] Studien belegen, dass Kontrolle, sofern diese auch tatsächlich wirksam ist, zu den wesentlichsten Abschreckungsinstrumenten

---

[11]Tonaufnahme Wirtschaftsstraftäter „L".

[12]Tonaufnahme Wirtschaftsstraftäter „G".

[13]Tonaufnahme Wirtschaftsstraftäter „H".

zählt.[14] In der betrieblichen Praxis wird Kontrolle oftmals als computergestützte oder technische Überwachungsmaßnahme aufgefasst. Aus Sicht der Wirtschaftsstraftäter ist das nicht ganz korrekt. Sie bezeichnen wirksame Kontrollen als sämtliche überprüfende Aktivitäten und Beobachtungen. Insbesondere diese inkludiert die individuelle und menschliche Achtsamkeit.

> **Tipp** Unzureichende Sensibilisierung, insbesondere von Verantwortlichen, Führungskräften und Aufsichtsorganen, ist für Delinquenten tatbegünstigend: „Wenn die Kontrollen besser gewesen wären, wäre man vielleicht gar nicht in Versuchung gekommen."[15] Diese empirische Erkenntnis des Autors stimmt mit den Untersuchungen des ACFE überein: „The perception of detection, not internal control by itself, is arguably the strongest deterrent to fraud."[16] Neben den zuvor bereits beschriebenen Faktoren hat die Kontroll-Wahrnehmung des Täters einen wesentlichen Einfluss auf die Attraktivität von Wirtschaftskriminalität. Schlechte Kontrollen wirken kontraproduktiv und erhöhen die Verlockung eine Straftat zu begehen.

Neben Kontrolle und Achtsamkeit haben aus Sicht der befragten Wirtschaftsstraftäter weitere Faktoren einen gewissen Einfluss auf die Gelegenheit, die im dolosen Dreieck ein begünstigendes Moment darstellt. In Zusammenhang mit diesem „Fraud Triangle"-Element bringen die Respondenten auch Themen wie unzureichende Funktionstrennung, komplexe Strukturen, unklarer „tone at the top", Personalknappheit, lückenhafter Prüfpfad (sogenannter „Audit Trail") oder auch Nachlässigkeit. Der Autor ist bei Interviews von Wirtschaftsstraftätern immer wieder verwundert, wie hervorragend die Befragten über die Problemstellen im Unternehmen Bescheid wissen: „Ich war mit anderen Kollegen dabei, das [interne Kontrollsystem] aufzubauen und war im Prinzip im Unternehmen der einzige, der genau wusste, wie das [interne Kontrollsystem] funktionierte."[17] Bestimmte Personen in Schlüssel- und Management-Positionen befinden sich in einer einzigartigen Position, um Kontrollmechanismen außer Kraft zu setzen. „Override of Controls" ist für eine ganze Reihe an derzeitigen Manipulations- und

---

[14]Vgl. Leibfried et al. (2012).

[15]Tonaufnahme Wirtschaftsstraftäter „L".

[16]ACFE (2016a).

[17]Tonaufnahme Wirtschaftsstraftäter „K".

Betrugsfällen rekonstruierbar. Bereits lediglich aus diesem Grund wäre es vermessen, nur auf die Funktionsfähigkeit von Kontrollen zu setzen.

▶	**Tipp** Wirksame Kontrollen stellen für die Abwehr von Wirtschaftsstraftaten eine zweifellos geeignete Maßnahme dar. Einseitig auf Kontrollen zu setzen ist jedoch unzureichend. „Wenn einer irgendwann einmal etwas vor hat und sich überlegt wie er es machen soll, dann macht er es meistens besser, dann kommt man drum herum."[18]

Damit wäre zumindest ein gewisser Teil des Gelegenheitselements des „Fraud Triangle" abgedeckt, wenn auch ein unzureichender. Darüber hinaus schafft exzessive Kontrolle Misstrauen. Täter bekräftigen dies: „[...] ob das sehr positiv für eine Zusammenarbeit ist, das weiß ich auch nicht und ist wie in einer Ehe [sic!]. Wenn man dem Partner nicht vertraut, dann ist es besser man heiratet nicht."[19] Alle Dreieckselemente gehen ineinander über und stehen auch in direkter Wechselwirkung miteinander: „Die Gelegenheit war schon ein Anreiz."[20] Dabei wird erkenntlich, dass das Gelegenheitselement von Tätern bereits als eine Motivation verstanden werden kann. Die wahrgenommene Gelegenheit ist, obwohl zwingend notwendig, gemäß befragten Wirtschaftsstraftätern für eine Tatbegehung jedoch selten ausreichend. Das wesentlichste aus den empirischen Ergebnissen, der jahrelangen Forschung und praktischen Beobachtungen des Autors ausfindig gemachte Dreiecks-Element ist der Druck. Tätergespräche verdeutlichen eine zerstörerische Wirkung: „Es gab intern Reibereien und man hat sich da gegenseitig fast täglich angemacht. Das war kein schönes Arbeitsklima zu diesem Zeitpunkt ... Das Gewicht der Auslöser ist zu 100 Prozent auf die Stresssituation, auf den internen Druck, der aufgebaut wurde, zurückzuführen."[21] Zudem besitzt dieser tatauslösende Schlüsselfaktor eine sich selbst verstärkende Wirkung. Es ist eine Art „Sog", aus welchem sich die Delinquenten kaum mehr selbstständig befreien können. Die Befürchtung, entdeckt zu werden, verursacht weiteren Druck. Es werden neue Stellen aufgerissen, um die bereits verübten Wirtschaftsstraftaten wieder zu korrigieren.[22] Verursachende Faktoren

---

[18]Tonaufnahme Wirtschaftsstraftäter „R".

[19]Tonaufnahme Wirtschaftsstraftäter „J".

[20]Tonaufnahme Wirtschaftsstraftäter „K".

[21]Tonaufnahme Wirtschaftsstraftäter „D".

[22]Vgl. Schuchter (2012b).

sind beispielsweise unrealistische Zielvorgaben, Ansprüche von Dritten oder an sich selbst, Profiteure, Unternehmenskultur, Mobbing, struktur- oder zeitbedingte Einflüsse und auch das verursachte Delikt selbst. Eine besonders tief sitzende Angst der Täter ist es, all das zu verlieren, was durch viel Arbeit erreicht wurde. Dazu zählt oftmals weniger Materielles, sondern Immaterielles: Das Ansehen im beruflichen und auch im privaten Umfeld hat dabei einen großen Stellenwert. Beim Vergleich mit dem Durchschnittsmanager sind Täter insgesamt eher narzisstisch veranlagt.[23] Daraus lässt sich ableiten, dass die Angst, einen Verlust dieser Bewunderung erleiden zu müssen, Druck verursachen kann. Bei schweren Wirtschaftsstraftaten kommt dem Anreiz lediglich eine untergeordnete Rolle zu: Geld, Gier, sich frühzeitig pensionieren zu lassen, ein Leben in Luxus und andere tatauslösende Faktoren erlangen nicht die oft in den Tagesmedien propagierte Bedeutsamkeit. Die vom Autor befragten Wirtschaftsstraftäter kommunizieren jedoch überraschend offen, dass die Aspekte des Anreizes nicht ganz irrelevant sind: „Es ist immer getrieben von einer gewissen Gier ... Ich habe dann auch ein bisschen die Relation verloren, das geht vielen so. Sie wachsen dann über sich hinaus."[24] Die Motivation zog sie in einen unerwartet schwer zu entkommenden Bann. Der Anreiz wird von den Befragten als eine Art Fahrwasser beschrieben, welches mit der bereits angedeuteten Sogwirkung des Drucks vergleichbar ist. Erfolgreiche Führungspersönlichkeiten aus oberen und eher ruhigen Teppichetagen suchen manchmal einfach nur den Adrenalinkick, wie bei einem sportlichen Wettkampf: „Gelingt es mir, oder kommen die jetzt drauf oder nicht. Es war eine Herausforderung in dem Sinn."[25] Das Katz-und-Maus-Spiel geht in einigen Fällen sogar so weit, dass über Jahre unentdeckte Täter (sogenannte Dunkelfeldtäter) bewusst immer mehr Hinweise hinterlassen, mit dem Ziel, irgendwann entdeckt zu werden. Diese Gruppe von Wirtschaftsstraftätern möchte damit Überlegenheit und Macht inszenieren. Nicht-monetäre Motivationsfaktoren können risikofreudige Individuen mit einem hohen Testosteronspiegel zu dolosen Handlungen in Unternehmen verleiten.

▶   **Tipp** Hunderte Befragungen von Wirtschaftsdelinquenten und wissenschaftliche Studien belegen, dass die individuelle Motivation und Rechtfertigung der Tat maßgeblich durch die Unternehmenskultur

---

[23]Vgl. Schuchter (2010).

[24]Tonaufnahme Wirtschaftsstraftäter „D".

[25]Tonaufnahme Wirtschaftsstraftäter „K".

steuerbar ist. Messung sowie gezielte Reduktion von Druck haben einen bislang unterbewerteten Einfluss, um delinquente Handlungen nachhaltig zu reduzieren. Im Gegensatz zur Angst- oder Konfliktkultur führt der Aufbau einer Vertrauenskultur bei Mitarbeitenden zu einer stärkeren Identifikation mit ihrem Arbeitgeber. Die Einhaltung der Vorschriften kann damit über ein verpflichtendes Mindestniveau hinausgehen und weitere wünschenswerte Effekte mit sich bringen.

Ähnlich wie die Motivation ist auch die Rationalisierung stark von der Unternehmenskultur beeinflusst. „Geschäft ist Geschäft", „das Geld ist nur geliehen", „ich habe keiner Person geschadet", „das Unternehmen schuldet es mir" und andere tatneutralisierende Statements sind allgemein bekannt. Zahlreiche Täterbefragungen beweisen jedoch, dass es sich bei dieser „Fraud Triangle"-Komponente nicht nur um ein tatrechtfertigendes, sondern auch um ein tatverhinderndes Element handelt.[26] „Die innere Stimme hat gesagt: Tu es nicht, lass es, mach das nicht."[27] Interessant ist, dass diese tatverhindernde innere Stimme ein Ablaufdatum besitzt: „Also innere Stimme ist vielleicht am Anfang da gewesen. So viele Transaktionen, wie bei mir gelaufen sind über viele Jahre, wo es niemand merkt, da kann man sich zurücklehnen. Es ist brutal, aber es ist so."[28] „Die innere Stimme ... war eben durch die Grabenkämpfe von links und rechts beeinflusst."[29]

---

[26]Vgl. Schuchter und Levi (2015).

[27]Tonaufnahme Wirtschaftsstraftäter „F".

[28]Tonaufnahme Wirtschaftsstraftäter „L".

[29]Tonaufnahme Wirtschaftsstraftäter „A".

Best Practice der Prävention 5

Auf Tonband aufgenommene Interviews mit Wirtschaftsstraftätern veranschaulichen die Tragweite effektiver Prävention: „Das Unternehmen hätte sehr viel Geld gespart und hätte die paar Millionen noch, die von der Versicherung nicht übernommen wurden, wenn wirksame vorbeugende Maßnahmen eingeführt worden wären."[1] „Wenn wirksame und vorbeugende Maßnahmen eingeführt worden wären, dann hätte es keine Verurteilung gegeben und es hätte keinen Schaden für andere gegeben."[2] Eine Ursachenanalyse bietet das Potenzial, dolose Handlungen auf wirksame Art und Weise zu bekämpfen. Es liegt also nahe, sich von Wirtschaftsstraftätern Informationen über Methoden einer möglichst effizienten Vorgehensweise zu beschaffen. Der Autor führte aus diesem Grund mit mehreren Dutzend Wirtschaftsstraftätern ausführliche und tief gehende Gespräche und Interviews, wovon jedoch nur die wenigsten auf Tonband aufgenommen wurden. Für die ehemaligen verantwortlichen Führungskräfte, Aufsichtsorgane etc. sorgte der tiefe Fall zum rechtskräftig verurteilten Wirtschaftsstraftäter und dann oft Insassen einer Haftanstalt für ein prägendes Ereignis in ihrem bis dahin erfolgreichen und unbescholtenen Leben. Mit den Straftätern in Kontakt zu treten und eine vertrauenswürdige Gesprächsbasis zu schaffen, gehört für den Untersuchenden zu den schwierigsten Aufgaben. Vermutlich sind seriöse Untersuchungen hierzu deshalb selten. Wenn dies einmal gelungen ist, dann ist die Haltung der Freiwilligen ausgesprochen offen.

---

[1]Tonaufnahme Wirtschaftsstraftäter „E".

[2]Tonaufnahme Wirtschaftsstraftäter „F".

© Springer Fachmedien Wiesbaden GmbH 2018
A. Schuchter, *Wirtschaftskriminalität und Prävention*, essentials,
https://doi.org/10.1007/978-3-658-20069-5_5

> Wider Erwarten sind sich ungefähr 90 % der Täter einig, dass ihre eigene dolose Handlung durch entsprechende Maßnahmen hätte verhindert werden können. Die Delinquenten nehmen insgesamt ein großes Entwicklungspotenzial in Unternehmen wahr. Ihnen zufolge lässt sich mit der richtigen Einstellung wesentlicher Stellschrauben bereits viel bewirken.

Bei der Frage, wie teuer wirksame Abwehrmechanismen in der betrieblichen Praxis denn ungefähr sind, fallen die Antworten schlicht und unkompliziert aus: „Der Schaden ist meistens größer als das, was diese vorbeugenden Maßnahmen Geld kosten."[3] Wie hoch das Einsparungspotenzial liegt, lässt sich durch den eingangs angeführten Verlust durch Wirtschaftsdelikte von jährlich fünf Prozent vom Umsatz errechnen. Die Berechnung betrifft jedoch nur den durchschnittlichen Vermögensschaden ohne Berücksichtigung der noch ausstehenden individuellen Abstrafungen von Verantwortlichen, persönlichen Haftung, Reputationsschäden etc. Angenommen, der Umsatz des Unternehmens beträgt 100 Mio. EUR, dann wären das beachtliche fünf Millionen Euro pro Jahr. Aus einer praktischen Sichtweise wird jedoch stets ein gewisses Restrisiko vorhanden sein. Deshalb nimmt der Autor an, dass der Umsatz mit besonders wirksamer Vorbeugung ungefähr um ein Drittel der kalkulierten fünf Millionen Euro erhöht werden kann. Der tatsächliche Umsatz mit wirksamer Prävention beträgt also nicht 100 Mio. EUR, sondern mindestens Euro 101.666.667 EUR. Ohne den Imageverlust und Haftungsrisiken zu berücksichtigen, dürften die Abwehrmaßnahmen pro Jahr demnach über eineinhalb Millionen Euro kosten. Nun stellt sich nur mehr die Frage, was denn wirksame Präventionsmaßnahmen sind. Dargelegte Ausführungen und die Komplexität der Materie lassen bereits vermuten, dass es dafür keine pauschale Antwort gibt.

Eine Auswertung von einem Dutzend Wirtschaftsstraftäter ergab bereits mehr als 400 verschiedene mit der Prävention in Zusammenhang stehende Schlüsselthemen. Einige der wirksamsten Maßnahmen, die in fast allen Unternehmen Anwendung finden können, sind nachstehend angeführt.

Unzählige Praxisbeispiele sowie die Aussagen verurteilter Wirtschaftsstraftäter belegen eine nur begrenzte Wirksamkeit derzeitiger unternehmensinterner und -externer Systeme. Verzweifelte Versuche, diese Risiken unter Kontrolle zu halten, scheitern in regelmäßigen Abständen und münden in Schlagzeilen,

---

[3]Tonaufnahme Wirtschaftsstraftäter „L".

Strafzahlungen, Entlassungen, Inhaftierungen bis in Selbstmord. Um dolose Handlungen und Vorbeugung leichter „verstehen" zu können, macht es an dieser Stelle Sinn, nochmals den Vergleich mit dem Wasser aufzugreifen. Wie Wirtschaftskriminalität reagiert auch Wasser stark auf die Umgebung und hat die Fähigkeit, seinen Aggregatzustand maßgeblich und schlagartig zu verändern. Beispielsweise kann der Stoff bei tiefen Temperaturen, vergleichbar mit niedriger Moral oder mangelhaftem „tone at the top", oder unter Druck, vergleichbar mit der Motivation des „Fraud Triangle", bedrohliche Eigenarten annehmen. Wasser kann in gefrorenem Zustand auf der Straße bei unzureichenden Präventionsmaßnahmen, wie beispielsweise Winterreifen oder Schneeketten oder reduzierter Geschwindigkeit, rasch zu einer Katastrophe führen.

▶ **Tipp** Oftmals wird unzureichend wahrgenommen, dass den Umständen entsprechende Maßnahmen die Situation nicht nur beeinflussen, sondern sogar steuer- und kontrollierbar machen. Obwohl viele gemeinsame Muster existieren, sind dolose Handlungen mannigfaltig und unterscheiden sich auch in Bezug auf die Schwere einer Straftat. Den Fokus auf einzelne Vorkehrungen zu richten wäre daher suboptimal. Zur Best Practice der Prävention gehört die Umsetzung von möglichst breit und vielfältig zusammengesetzten Maßnahmen. Damit wird es möglich, ein weites Spektrum der unterschiedlichen Arten von Wirtschaftskriminalität abzudecken und die Wirksamkeit der Vorbeugung zu erhöhen.

Einige der wirksamsten Präventionsmaßnahmen aus Sicht der Täter sind zusammengefasst und vereinfacht:

- der Wille, eine Vorbeugung mit der erforderlichen Durchsetzungskraft umzusetzen und nicht nur als Werbezweck für Stakeholder einzusetzen,
- wirksame Kontrollen oder Stärken im Kontrollsystem sind aufgrund der Abschreckung stark vorbeugend (weniger im Sinne von technischen oder computerbasierten Kontrollen, sondern mehr in Bezug auf Sensibilisierung des Personals und Systematik),
- Fachkräfte, um Abwehrsysteme wirksam zu gestalten (spätestens bei der Nachsorge sind Experten ohnehin unabdingbar),
- Pflege der Unternehmenskultur sowie wertschätzender und fairer Umgang untereinander – damit kann die Motivation zur Tatausübung gesenkt werden,

- achtsame Führungskräfte, da damit auch der „tone at the top" sichergestellt werden kann,
- kompetente Aufsichtsorgane, die etwas von ihrem Fach verstehen und alle erforderlichen Voraussetzungen und Qualifikationen mitbringen, um ihre fachlichen Tätigkeiten vollumfänglich wahrnehmen zu können,
- gezielter Einsatz personeller (Job Rotation, Funktionstrennung etc.) und finanzieller Ressourcen (kontinuierliche Fortbildung im Hinblick auf die neuesten Gefahren) an finanznahen Stellen,
- klar kommunizierte Verantwortlichkeiten, Methoden der Zielerreichung und unternehmensinterne Strukturen, die auch in Ausnahmesituationen eingehalten werden (beispielsweise in Form von gelebten Richtlinien),
- staatliche Regulierung, denn ganz ohne geht es einfach nicht, obwohl die sogenannte „Überregulierung" das Gegenteil bewirkt.

Obwohl folgende weitere Maßnahmen sicherlich nicht falsch sind, haben diese aus Sicht der Delinquenten oft eine überschätzte Wirksamkeit:
- technische Kontrollen, da sich hinter jeder Kontrolle und jedem System ein Mensch befindet, der manipulieren kann oder manipuliert werden kann. Zudem hat der Mensch Kontrollsysteme entwickelt, also weiß er auch, wie diese zu umgehen sind,
- Verschärfung der Sanktionen, da der Wirtschaftsstraftäter fest davon überzeugt ist, nicht erwischt zu werden und deshalb auch keine Konsequenzen befürchtet,
- fristlose Entlassung der Täter und Abberufung der Verantwortlichen, da strukturelle Schwachstellen damit keinesfalls gelöst werden und die unternehmensinterne Situation unverändert bleibt,
- Ombudsstelle oder Melde- und Hinweisgebersystem (Whistleblowing), da weder Täter noch das Umfeld Hinweise geben oder aufgrund unzureichender Sensibilisierung für Auffälligkeiten nicht imstande sind, Meldungen zu machen,
- Integritätstests bei der Rekrutierung, da Delinquenten in der Regel bereits im Unternehmen sitzen und ausgeprägte sozialmanipulative (machiavellistische) Intelligenz potenzieller Täter eine Personalselektion unmöglich machen.

Dieser kompakte Ausschnitt an wirksamen Präventionsmaßnahmen aus der Perspektive der Täter deckt sich inhaltlich mit der Forschung sowie auch mit den Praxiserfahrungen des Autors. Wie die Forschung kann sich ebenso die Praxis bei spezifischen Maßnahmen im Einzelfall widersprechen. So ist ein Whistleblowing-System für kleinere Straftaten oder Diebstahl sicherlich nicht falsch. Für alle mittelschweren bis schweren Wirtschaftsdelikte ist es jedoch weniger wirksam: „An eine dritte Stelle hätte ich mich ganz sicher nicht gewendet, weil ich der festen Überzeugung war, dass ich ohnedies alles am besten weiß.“[4] Der Großteil der wegen schwerer Delikte Verurteilten behielten ihre delinquenten Handlungen ganz für sich alleine. Selbst die engsten Vertrauten wussten nicht davon. „[Gewendet hätte ich mich vielleicht] an den Pfarrer. Er hat Schweigepflicht. Sonst hätte ich kein Vertrauen gehabt.“[5]

> ▶ **Tipp** Fest steht, dass das Ausmaß, die Stelle und auch der Zeitpunkt der am besten geeigneten Maßnahmen nicht nur in Bezug auf die Deliktart, sondern auch auf das jeweilige Unternehmen maßgeschneidert zu bestimmen sind. Wenn Wirtschaftsstraftäter frei über Präventionsmaßnahmen für ihr eigenes Unternehmen entscheiden könnten, um Fälle wie ihre eigenen zu verhindern, dann würde sich die Mehrheit für einen auf Wirtschaftskriminalität spezialisierten Experten entscheiden: „Wenn ich das in einem Unternehmen frei entscheiden könnte ... ich würde mich dann ganz klar an Externe ... wenden und dort ein Mandat geben.“[6] „Ein neutraler, außenstehender Dritter, das ist das, was zählt. Es muss ein Fachmann sein auf dem Gebiet.“[7]

Der Autor möchte abschließend nochmals betonen, dass der Erfolgsfaktor der Schutzsysteme stark von der Kompetenz einzelner Personen abhängig ist. Deshalb müssen alle Methoden, unabhängig von Branche oder vom Unternehmen, zuallererst bei den Menschen ansetzen, und erst dann beim System.

---

[4]Tonaufnahme Wirtschaftsstraftäter „G“.

[5]Tonaufnahme Wirtschaftsstraftäter „S“.

[6]Tonaufnahme Wirtschaftsstraftäter „A“.

[7]Tonaufnahme Wirtschaftsstraftäter „G“.

Was Sie aus diesem *essential* mitnehmen können

- Grundlegendes Verständnis von Wirtschaftskriminalität: Strukturelle und übergeordnete Ursachen in Unternehmen
- Wie Sie Ihre persönlichen Haftungsrisiken und drohende Konsequenzen, die durch Wirtschaftskriminalität entstehen, mit einfachen Mitteln abwenden, dabei Ihre Karriere pushen und Ansehen gewinnen
- Wie Sie gängige Fehleinschätzungen vermeiden und damit Fallstricke umgehen
- Wie Sie Vermögens- und Reputationsrisiken besser beurteilen und bewusst als Chance wahrnehmen
- Aus Tätersicht wirksame Präventionsmaßnahmen, die mit den Praxis- und Forschungserkenntnissen übereinstimmen

© Springer Fachmedien Wiesbaden GmbH 2018

A. Schuchter, *Wirtschaftskriminalität und Prävention*, essentials,

https://doi.org/10.1007/978-3-658-20069-5

Literatur

ACFE (Association of Certified Fraud Examiners) (2016a) Fraud examiners manual: 2016 international edition. ACFE, Austin

ACFE (Association of Certified Fraud Examiners) (2016b) Report to the nations on occupational fraud and abuse: 2016 global fraud study. ACFE, Austin

AICPA (American Institute of Certified Public Accountants) (2005) Management override of internal controls: the achilles' heel of fraud prevention. AICPA, New York

FERMA, ECIIA (Federation of European Risk Management Associations, European Confederation of Institutes of Internal Auditing) (2011) Guidance on the 8th EU Company Law Directive: implementation guidance for senior management. FERMA & ECIIA, Brüssel

Gee J, Button M (2015) The financial cost of fraud 2015: what the latest data from around the world shows. Pkf, Portsmouth

IDW (Institut der Wirtschaftsprüfer in Deutschland) (2012) IDW Prüfungsstandard (IDW PS): Zur Aufdeckung von Unregelmäßigkeiten im Rahmen der Abschlussprüfung 210. IDW, Düsseldorf

IFAC (International Federation of Accountants) (2008) Handbook of international auditing, assurance, and ethics pronouncements. International Standard on Auditing (ISA) 240: The auditor's responsibility to consider fraud in an audit of financial statements. IFAC, New York

IIA (Institute of Internal Auditors) (2013) The IIA's cia learning system: internal audit practice. IIA, Altamonte Springs

IIA (Institute of Internal Auditors) (2016) Internationale Standards für die berufliche Praxis der Internen Revision (IPPF) 2017: Mission, Grundprinzipien, Definitionen, Ethikkodex, Standards. Deutsches Institut für Interne Revision (DIIR), Institut für Interne Revision Österreich (IIA Austria) & Schweizerischer Verband für Interne Revision (IIA Switzerland), Frankfurt a. M.

Leibfried P, Schuchter A, Ederer J, Zuber F (2012) Interviews mit wegen schwerer Wirtschaftsdelikte verurteilten Tätern: Kontrolle aus verschiedenen Perspektiven. Expert Focus (Der Schweizer Treuhänder) 3:157–161

Riemer SH (1941) Embezzlement: pathological basis. Journal of Criminal Law and Criminology 32:411–423

© Springer Fachmedien Wiesbaden GmbH 2018

A. Schuchter, *Wirtschaftskriminalität und Prävention*, essentials,

https://doi.org/10.1007/978-3-658-20069-5

Schuchter A (2010) Persönlichkeitsprofile von Wirtschaftsstraftätern: Bedeutung für die Prävention dieser Handlungen in Unternehmen. ZRFC 2:80–83

Schuchter A (2012a) Ambivalenz des Vertrauens: Eine Perspektive verurteilter Wirtschaftsstraftäter. In: Schober P, Zelger J, Raich M (Hrsg) Gabek V: Werte in Organisationen und Gesellschaft. Studien-Verlag, Innsbruck, S 273–284

Schuchter A (2012) Perspektiven verurteilter Wirtschaftsstraftäter: Gründe ihrer Handlungen und Prävention in Unternehmen. Springer, Wiesbaden

Schuchter A, Levi M (2013) Compliance & Integrity: Strategien für konformes Verhalten in Unternehmen. In: Kuhn A et al. (Hrsg) Kriminologie, Kriminalpolitik und Strafrecht aus internationaler Perspektive. Stämpfli, Bern, S 411–423

Schuchter A, Levi M (2015) Beyond the fraud triangle: Swiss and Austrian elite fraudsters. Accounting Forum 39:176–187. doi:10.1016/j.accfor.2014.12.001

Schuchter A, Levi M (2016) The fraud triangle revisited. Security Journal 29:107–121. doi:10.1057/sj.2013.1

Sutherland EH (1941) Crime and business. Annals of the American Academy of Political and Social Science 217:112–118